La Religion, la Morale et la Science :

Leur Conflit
dans l'Education contemporaine

QUATRE CONFÉRENCES

FAITES A L'AULA DE L'UNIVERSITÉ DE GENÈVE
(Avril 1900)

PAR

Ferdinand BUISSON

Professeur à la Faculté des Lettres de l'Université de Paris.

PARIS
LIBRAIRIE FISCHBACHER
33, RUE DE SEINE, 33
1900
Tous droits réservés.

LA RELIGION

LA MORALE ET LA SCIENCE

LEUR CONFLIT

DANS L'ÉDUCATION CONTEMPORAINE

DU MÊME AUTEUR :

Sébastien Castellion, sa vie et son œuvre (1515-1563). Etude sur les origines du protestantisme libéral français. Ouvrage couronné par l'Académie française. Paris, Hachette, 1892. 2 vol. gr. in-8°.

De libertate Dei. Thèse de doctorat ès lettres. Paris, 1891. In-8°, 64 p.

La Religion, la Morale et la Science :

Leur Conflit
dans l'Education contemporaine

QUATRE CONFÉRENCES
FAITES A L'AULA DE L'UNIVERSITÉ DE GENÈVE
(Avril 1900)

PAR

Ferdinand BUISSON
Professeur à la Faculté des Lettres de l'Université de Paris.

PARIS
LIBRAIRIE FISCHBACHER
33, RUE DE SEINE, 33
1900
Tous droits réservés.

A MONSIEUR LE PROFESSEUR

Auguste CHANTRE

HOMMAGE D'UNE VIEILLE ET RESPECTUEUSE

AMITIÉ

F. BUISSON.

PRÉFACE

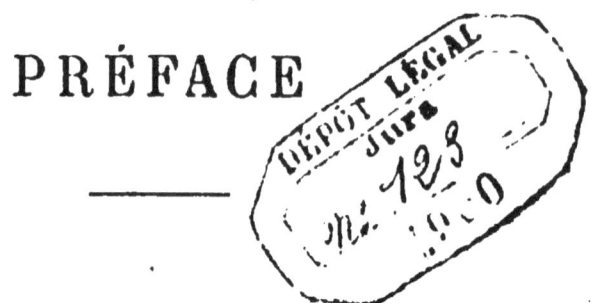

Ces conférences — le lecteur n'aura nulle peine à s'en convaincre — n'étaient pas faites pour l'impression. Une partie seulement en était écrite, et je n'aurais pas songé à écrire le reste, sans une démarche qui m'en fit presque une obligation.

Quelques jeunes gens appartenant aux Universités de Genève et de Lausanne, qui, les uns, avaient entendu les conférences de l'Aula, les autres, en avaient lu la critique dans des journaux de la Suisse romande, me firent savoir qu'ils désireraient approfondir les questions ainsi débattues. Ils m'exprimaient le regret de n'avoir sous les yeux aucun texte précis sur lequel pût porter un examen attentif, impartial, comme celui qu'ils se proposaient de faire avant de prendre parti. Ils me demandaient enfin de ne pas laisser à mes auditeurs le soin de reconstituer d'après un souvenir fugitif et toujours douteux tant de points délicats, traités ou effleurés soit par moi soit par mes contradicteurs, au cours d'une si rapide controverse.

Cette mise en demeure, sérieuse autant qu'amicale, ne pouvait manquer de me toucher. J'aurais voulu y répondre sur-le-champ, et j'espérais pouvoir le faire. J'en fus empêché par un accident survenu quelques jours après mon retour de Genève et qui me valut, après une longue interruption de travail, un surcroît d'occupations obligatoires. Quand je pus livrer mon manuscrit, il n'était plus possible de le publier avant la dispersion annuelle des vacances, et j'ai dû contre mon gré attendre la rentrée pour en corriger les épreuves.

Je m'excuse d'autant plus de ces retards involontaires que l'on s'étonnera peut-être que je ne les aie pas mis à profit pour compléter mon travail et me sois borné à donner ici, simplement, le texte même de mes conférences d'avril, reproduit aussi fidèlement que j'ai pu le faire d'après mes notes. Peut-être eût-il paru préférable à plusieurs, et avant tout aux auteurs de la demande, d'avoir sous les yeux un exposé plus substantiel et plus méthodique des idées que j'ai eu l'honneur de soumettre au public genevois. Le livre comporte un degré de précision que le discours atteint rarement. Et il est plus facile de juger l'ensemble d'une doctrine régulièrement présenté que d'avoir à le dégager soi-même des impressions multiples de quelques conférences, même suivies d'un débat contradictoire.

Mais deux raisons, qui au fond pourraient n'en faire qu'une, m'obligeaient à conserver, avec tous ses inconvénients, la forme oratoire.

D'abord deux honorables pasteurs de Genève

m'ont fait l'honneur de me répondre et de combattre mes idées, l'un dans quelques articles, l'autre dans deux sermons (1). Je n'avais pas le droit de présenter au public, pour lui permettre de juger entre nous, autre chose que le texte même des conférences, objet de leurs critiques.

Et d'ailleurs, parmi ces critiques, il en est une qui m'a réjoui, et qui, à elle seule, m'aurait décidé à garder cette forme.

M. le pasteur Chaponnière constate quelque part que l'auditoire a dû me suivre dans « bien des marches et des contre-marches », que le conférencier « a, pendant l'espace entier de ses deux premières conférences, tenu l'âme de ses auditeurs en suspens ». — Cela est vrai, non de deux, mais de toutes. Et, en effet, elles n'ont pas été autre chose dans ma pensée que le stimulant occasionnel de tout un travail de réflexion intime chez ceux qui me faisaient l'honneur de m'écouter.

Mon ambition n'était pas de leur prêcher une

---

(1) Ces articles et ces sermons ont été réunis en deux brochures : 1° *M. F. Buisson et le christianisme évangélique*, par M. Francis Chaponnière, pasteur auxiliaire de l'Église nationale protestante de Genève (Genève, 1900, Eggimann, in-8°, 40 p.) ; extrait de la *Semaine religieuse* de Genève, des 28 avril, 5 et 12 mai 1900 ; 2° *Science, morale et religion : leur conflit dans l'éducation contemporaine est-il réel ? Paroles de témoignage chrétien prononcées à Victoria Hall, 29 avril et 6 mai 1900, en réponse aux conférences de M. le professeur Buisson*, par M. Frank Thomas (Genève, Jeheber, in-8°, 60 p.).

doctrine, c'était de les convier à reviser les leurs au contact des miennes.

Il n'y a de vérité pour chacun de nous que celle qu'il s'est faite lui-même. Je donnais à chacun, sous prétexte de me suivre, une occasion de s'interroger et de répondre dans le secret de sa conscience.

Des suggestions, des questions, des appels à un examen plus consciencieux de soi par soi-même, des incitations à creuser toujours plus avant, à séparer, par un tri sévère, les opinions passivement reçues des croyances et des convictions personnellement acquises : je n'ai rien d'autre à offrir à Genève non plus qu'à Paris. C'est à quoi se prêtait la forme libre de ces causeries, et l'on comprendra que je n'aie pas cru convenable d'y rien changer (1).

Tout ce qu'il m'a semblé devoir à mes honorables contradicteurs a été, d'abord, de lire avec soin les deux brochures où ils ont exprimé leurs critiques

(1) Ceux de mes auditeurs qui auraient le loisir de s'arrêter à ces détails pourront remarquer que j'ai réintégré dans la première conférence le développement final qu'à Genève le temps m'avait obligé de rejeter au commencement de la seconde ; que j'ai, dans la dernière, rétabli quelques citations de M. Pécaut qu'il m'avait fallu abréger ; qu'enfin dans les conclusions — dernière partie de cette 4ᵉ séance, dont l'indulgence de l'auditoire m'a permis de doubler presque la durée — j'ai résumé en manière de thèses, mises en forme tout exprès pour donner plus de prise au débat, les propositions par lesquelles j'achevais cet exposé.

les plus vives avec une élévation et une mansuétude dont je ne songe pas à les louer ; ensuite, d'y relever les quelques points précis sur lesquels ils me paraissaient ou demander une explication plus ample ou me poser des questions directes. J'y réponds sommairement dans un petit nombre de notes rejetées en appendice à la fin du volume.

C'est pour un motif analogue que l'on trouvera dans ces pages — si fatigant et si haïssable qu'il soit — l'emploi réitéré du *moi*, qu'il m'eût été facile autant qu'agréable d'éviter. Il ne m'était pas permis d'employer une autre forme, à Genève, sans m'exposer à de justes réclamations : je n'avais pas qualité pour exposer la doctrine d'une Église ou d'un groupe quelconque, pas même d'un groupe, français ou suisse, de l'*Union du christianisme libéral*. Le souci de l'exactitude et celui de ma responsabilité m'obligeaient à rappeler sans cesse à l'auditoire que je n'engageais par mes paroles personne que moi-même.

Il ne me reste qu'un vœu à former, c'est que ce petit livre, s'il est lu par quelques-uns, Suisses ou Français, catholiques ou protestants, croyants ou libres penseurs, soit lu dans le même esprit où il a été écrit : ce n'est pas l'esprit de secte, ce n'est pas un esprit de haine.

Paris, 20 octobre 1900.

PREMIÈRE CONFÉRENCE

EXPOSÉ GÉNÉRAL

LE CONFLIT : SES CAUSES, SON HISTOIRE, SES RÉSULTATS.

PREMIÈRE CONFÉRENCE

Mesdames, Messieurs,

Les amis qui m'ont invité à prendre la parole devant vous m'ont fait un très grand honneur. La meilleure preuve que j'en ai senti tout le prix, c'est que je ne l'ai accepté qu'après les plus grandes hésitations. Et si j'ai cédé, c'est qu'on a réussi à retourner contre moi mes raisons même d'hésiter.

Je ne suis — avais-je répondu — ni un orateur, ni un savant, ni un théologien. Qu'irai-je dire à Genève, que des maîtres de la pensée et de la parole n'y aient déjà dit avec une autorité qui me manque ? Car, enfin, je ne suis qu'un homme d'école : l'école primaire a rempli vingt-cinq années de ma vie, et j'achève ma carrière comme je l'avais commencée — non loin d'ici — dans une chaire de pédagogie.

« Et c'est précisément pour cela, m'ont dit de vieux amis qui se souvenaient encore de ces lointains débuts, c'est précisément pour cela que nous vous donnons la parole. C'est bien l'homme d'école que nous voulons entendre à son tour, et justement sur les mêmes grands sujets de philosophie, de morale et de religion, que d'autres ont traités ici comme il leur appartenait. Notre public de Genève sait se mettre à des points de vue divers ; celui de l'éducateur ne lui est pas indifférent. Venez donc nous dire comment en France vous essayez de résoudre ces problèmes qui, pratiquement, aboutissent tous à l'éducation. »

Et je suis venu, messieurs, aimant mieux présumer de mes forces que de me dérober à une amicale sommation d'avoir « à confesser ma foi ». Cette foi semblera peut-être à quelques-uns bien négative, peut-être aussi réussirai-je à la leur expliquer. Je l'essaierai du moins : j'ai confiance dans votre indulgence, confiance surtout dans votre vieille habitude, à la fois démocratique et protestante, d'éprouver toute chose pour retenir ce qui est bon.

I

Limitons bien d'abord le champ d'études que nous abordons.

Ce n'est pas de la religion, de la morale et de la science en général que nous allons nous entretenir : autant vaudrait s'engager à parler *de omni re scibili*. C'est uniquement de leurs rapports avec l'éducation au temps présent. Jusqu'à quel point religion, science et morale sont-elles des forces directrices de l'éducation ? S'accordent-elles, se contredisent-elles, s'excluent-elles ? S'il faut choisir entre elles, comment choisir ? S'il faut faire à chacune sa part, d'après quels principes la déterminer ?

Réduite à ces termes, ce n'est plus une question qu'il dépende de nous d'écarter comme oiseuse ou d'ajourner comme trop difficile. Nos enfants sont là, à qui il faut bien répondre. Ils n'ont pas le temps d'attendre, pour grandir, que nous ayons trouvé le dernier mot des choses. La vie nous pousse. Ailleurs, on peut alléguer la vieille devise d'un bon sens un peu terre à terre : *Primo vivere, deinde philosophari*. Ici vivre et philosopher vont de pair : on n'a ni le droit de ne pas instruire ses enfants, ni le moyen de les instruire sans leur transmettre une philosophie implicite.

C'est ainsi que, sans aucun titre à prendre le rôle d'arbitre entre le théologien, le philosophe et le savant, l'éducateur est forcé, bon gré mal gré, de décider entre eux, puisqu'il faut qu'il se décide lui-même. L'éducation, qui n'est qu'un humble système d'applications, se trouve devenir la cause occasionnelle du heurt des principes eux-mêmes. On pourrait supposer à la rigueur une société d'adultes qui éviterait indéfiniment ce choc, soit par indifférence, soit par tolérance raisonnée, soit par scepticisme, soit par quelque *modus vivendi* sagement concerté. Mais du moment qu'apparaît une jeunesse à former, impossible d'éluder les questions brûlantes : se taire, c'est encore se prononcer, c'est au moins prononcer sa déchéance.

Vous le voyez donc, pour peu qu'il y ait matière à conflit, c'est au cœur même de l'éducation que le conflit va éclater.

II

Mais y a-t-il matière à conflit ?

Des âmes amies de la paix veulent en douter. Jadis, leur semble-t-il, religion, morale et science vivaient en bonne harmonie. Pourquoi n'en serait-il plus de même ? S'il s'est produit quelque malentendu, un peu d'esprit de conciliation ne suffirait-il pas à le dissiper ?

Tout autre est notre conception du phénomène que, faute d'un mot meilleur, nous avons appelé conflit. Si l'esprit philosophique et l'esprit scientifique disputent à l'esprit religieux le gouvernement des âmes et par contre-coup celui des sociétés, à nos yeux ce n'est pas un accident, ou, si vous voulez, c'est un accident nécessaire, un fait normal. Nous y voyons un phénomène de croissance. Il fallait qu'il se produisît ou que l'humanité cessât de grandir.

Tâchons d'expliquer cette manière de voir, de raconter dans ses phases essentielles l'histoire de cette croissance et de montrer qu'à l'humanité passant de l'âge de la religion à celui de la morale et de la science, il n'arrive pas autre chose qu'à l'enfant devenant adolescent, à l'adolescent devenant homme.

Et ici, que je vous demande pardon par avance, une fois pour toutes, si, dans ces aperçus, je me place toujours à un point de vue dont l'éducateur s'affranchit difficilement. Pour lui, le mot de Pascal est vrai à la lettre : l'humanité est un homme qui apprend toujours. Pour lui, l'enfance de l'individu reproduit à peu près toutes les phases de l'enfance de l'humanité, ce petit monde reflète le grand. De là, dans les études que je vous soumets, un constant rapprochement, un parallélisme qui vous fatiguera peut-être, entre la *psychologie de l'enfant* et la *psychologie des sociétés à l'état d'enfance*.

Des trois disciplines que nous comparons, il en est une qui a incontestablement l'avantage de la priorité.

Historiquement, la religion a été la première institutrice du genre humain. Qu'il s'agisse de peuplades émergeant à peine de la sauvagerie brutale ou des grands peuples de l'antiquité ou même des nations modernes, toute civilisation qui commence, commence par une religion, elle est une religion, et, pendant un temps plus ou moins long, elle n'est pas autre chose.

Est-ce un hasard qu'un tel fait ? Si partout où se constitue une société humaine les premières émotions éprouvées, les premières vérités trouvées, les premières lois acceptées par l'homme ou plus exactement par la société naissante se sont exprimées sous forme de tradition sacrée, de révélation religieuse, c'est sans doute que cette forme était la seule sous laquelle ce premier trésor pouvait être amassé, conservé et transmis.

Psychologiquement, en effet, la religion seule réunit les conditions que doit remplir une discipline destinée à des débutants dans la vie de l'esprit.

Et tout d'abord elle leur parle le seul langage qu'ils puissent comprendre, le langage d'autorité.

Pour un tout jeune enfant, ses parents, alors même qu'ils ne font que répondre à ses instincts, que prévenir ses besoins, sont une grande puissance extérieure, une puissance qui, d'un signe, d'un mot, d'un regard, le fait trembler, le fait éclater en pleurs. Tel est, et plus tremblant encore devant ses dieux dès qu'il en a, l'homme primitif : ce que les vieillards de la tribu lui enseignent ou lui commandent, ni eux ni lui n'y prêteraient attention s'ils parlaient au nom de leur expérience ; ils parlent au nom de la puissance supérieure quelle qu'elle soit : esprits des ancêtres, fantômes ou fétiches, génies des bois et des eaux ou dieux déjà personnifiés, plus tard humanisés, plus tard encore surhumains, peu importe. A ce premier âge il n'y a qu'une manière de faire respecter une loi, c'est l'autorité, et il n'y a qu'une autorité, celle dont on a peur.

Le tout petit enfant grandira ; il cessera de trembler au seul bruit de la voix paternelle, mais pendant combien de mois ou d'années la raison dernière des choses pour lui sera-t-elle encore la parole du père, la volonté du père ? Le père affirme et commande, l'enfant répète et obéit : ainsi le veut la nature. Et l'enfant ne deviendra homme que parce que longtemps ainsi il aura répété et obéi, cru ce qu'on lui disait et fait ce qu'on lui prescrivait, sans en rechercher d'autre raison.

L'humanité ne procède pas autrement. Même à un degré très avancé de culture, pendant longtemps, une loi ne vaudra pour elle qu'à titre de commandement d'un législateur souverain. Même quand elle se sera élevée assez haut pour ne plus fragmenter la divinité, elle n'en tiendra que plus à ce que l'ordre lui vienne directement de Dieu. Lui demander de respecter l'ordre, le vrai, le beau, le bien en eux-mêmes et pour eux-mêmes, ce serait lui demander trop tôt un trop grand effort d'abstraction. Elle ne respecte que ce qu'elle adore. Elle ne s'inclinerait pas encore devant une idée, elle ne s'incline que devant une volonté vivante.

C'est pour cela que toutes ses premières conquêtes morales et même matérielles, l'humanité ne s'imagine pas les avoir faites; invariablement, elle les a reçues d'une bouche ou d'une main divine. Je viens de voir en entrant ici l'illustration de cette leçon d'histoire : ce n'est pas Triptolème qui a imaginé la charrue et semé le froment, c'est une déesse qui lui donne l'un et l'autre.

Mais l'humanité a beau attribuer son œuvre

aux dieux, c'est bien son œuvre, et une œuvre qui porte sa marque. Prenez un peuple où vous voudrez, à quelque point de l'histoire et dans quelque région du monde que ce soit, examinez ses diverses institutions sociales et comparez-les : leur contenu vous révélera leur âge respectif. Vous en reconnaîtrez toujours une qui, visiblement, a précédé toutes les autres, c'est l'institution religieuse. Elle leur est à toutes, par essence, à la fois inférieure et supérieure : supérieure par la simplicité de la pensée, par la sincérité de l'émotion, par l'unité de vues, par la candeur de l'expression, surtout par la puissance des liens qu'elle établit entre les hommes en les rattachant eux-mêmes à tout l'univers visible et invisible ; inférieure pourtant, irrémédiablement inférieure, et pourquoi? justement parce qu'elle a toutes ces qualités et que naïveté, fraîcheur, spontanéité, peurs folles et folles hardiesses, timidité et témérité d'enfant, élans du cœur et rêves de l'esprit, ce sont là autant de signes du jeune âge. Cet âge prend fin, un autre suit infailliblement, qui n'est plus celui de la poésie, qui s'établit dans la réalité, qui observe, qui compare, qui réfléchit, qui analyse, qui raisonne, qui par conséquent aura d'autres besoins que les besoins religieux.

Que la religion soit ainsi la fleur du printemps de l'humanité, ce qui le prouve ce n'est pas seulement la forme d'autorité sous laquelle elle se présente, c'est son essence même. Il y a en elle deux choses à considérer : son *objet* et sa *méthode*. Essayons de nous en rendre compte.

Quel est l'*objet* de la religion ? Ne nous hâtons pas de répondre en prenant pour type la religion la plus perfectionnée que nous connaissions. Il faut une définition qui embrasse tout le défini, qui convienne à toutes les phases de la religion, qui rende raison de toutes ses mues à travers les âges, à travers les races, à tant de degrés de civilisation.

On a proposé de tirer cette définition soit des idées, soit des sentiments, soit des actes, qui constitueraient spécifiquement la religion : — des *idées*, et alors la religion se reconnaît à un ensemble de croyances et de doctrines, soit historiques, soit théoriques ; — des *sentiments*, et alors la religion réside dans une émotion *sui generis*, adoration, extase, foi, prière ; — des *actes*, et alors la religion se présente comme un ensemble de règles applicables au gouvernement de la vie matérielle et morale, de l'individu, de la famille, de la société, à commencer par les premiers de tous les devoirs, les pratiques cultuelles.

C'est évidemment là non une définition, mais une analyse du fait religieux décomposé ainsi en ses principaux éléments. Il faut bien rétablir l'unité brisée, chercher une formule qui en exprime l'ensemble et non plus les détails. On peut la trouver en développant la proposition célèbre de Schleiermacher. Dans toute sa généralité, la religion est le sentiment de notre dépendance vis-à-vis d'un principe supérieur.

Mais est-ce même assez dire? Est-ce que l'homme primitif ou l'homme civilisé s'en tient à cette affirmation de son état de dépendance à l'égard du monde et des dieux? S'en tient-il même à une émotion que produirait chez lui cette découverte? Non. Le phénomène est à la fois beaucoup plus complexe et plus concret. L'homme, il est vrai, se voit et il se sent dépendant, c'est à dire exposé à l'action de forces malfaisantes ou bienfaisantes, mais, sur l'heure et du même coup, il rêve et il entreprend d'entrer en relation avec ces forces, de lier société avec elles comme avec tous les autres êtres vivants. De ces forces il se fera, suivant son degré de culture, des représentations d'abord très grossières ou très enfantines, inférieures, puis semblables, puis supérieures à la nature humaine ; plus tard, il les concevra non plus éparses, mais réunies dans la personne des grands dieux ; plus tard encore, il fera entre elles un départ tout nouveau en distinguant le bien du mal, le vrai du faux, l'être du néant ; il moralisera ses divinités ; enfin, portant à l'infini toutes les puissances du Bien, il les résumera un jour toutes en un, c'est à dire en Dieu.

Mais, à tous ces degrés, ce qui constitue l'originalité du fait religieux, c'est que l'homme ne se borne pas à constater, il réagit aussitôt, d'une réaction qui lui est propre. De toute son âme, intelligence, sentiment, volonté, il se jette d'emblée à la poursuite du dieu qu'il a entrevu. Ancienne ou moderne, une religion n'est pas une dogmatique, n'est pas une éthique, n'est pas une esthétique : elle est tout cela, soit, mais elle est, de plus, la religion. Elle ne pense pas pour penser, n'émeut pas pour émouvoir, n'agit pas pour agir, elle agit, sent et pense en vue d'établir la chose essentielle, la communication directe avec les dieux ou avec Dieu. La religion, c'est le contact avec le divin, que le divin, je le répète, réside dans un fétiche ou dans un astre, dans les éclairs du Sinaï ou sur les sommets radieux de l'Olympe, dans l'immense nature ou dans une suprême personne vivante, ou enfin dans un Dieu idéal saisi au fond de la conscience. Voilà ce que crie l'histoire des religions de la première à la dernière page. Appréciez comme vous voudrez cette prétention, c'est celle-là même qui est l'âme de la religion, celle de nous mettre en relation directe, intime, réelle, avec le principe souverain de l'univers.

Et, pour atteindre cet objet, quelle va être la *méthode* de la religion, de toute religion ?

Elle sera aussi naturelle, aussi naïve, aussi spontanée que l'était la conception même du but à atteindre. C'est ce que nous appellerions la *méthode intuitive*, celle qui consiste en un simple élan de toute l'âme vers l'objet de son désir. Intuition du cœur et de l'esprit, acte primesautier d'intelligence immédiatement précédé par l'émotion, immédiatement suivi par l'action, sans qu'à vrai dire tous ces éléments se démêlent, tant un même effort les associe et les confond.

C'est le premier mouvement du petit enfant tendant ses bras vers l'objet qu'il désire, l'appelant de ses yeux, de ses gestes, de ses cris, que ce soit un jouet dans la rue ou la lune au ciel. Avec le temps l'enfant apprendra la différence du possible et de l'impossible, il découvrira qu'il y a des limites à l'accomplissement de ses désirs; l'homme fera la même et amère expérience. Mais ni l'enfant ni l'homme ne renonceront de sitôt à cette foi instinctive qu'ils ont dans leurs moyens naturels; ils s'en servent comme l'oiseau se sert de ses ailes ou le lion de ses griffes. C'est cette foi — qui n'a rien de mystique, puisqu'elle se confond avec l'instinct vital — qui a engendré toutes les religions. Si le sauvage ou le barbare a foi en ses dieux, c'est parce qu'il a foi en sa nature; c'est parce qu'il a foi dans ses sens, qui, vingt fois, le jour, la nuit, lui ont fait voir et entendre ces dieux, à des signes certains, qui, le plus souvent, attestaient leur colère ; c'est parce qu'il a foi dans son raisonnement, dont vous souriez, vous qui avez cinquante siècles d'expériences de plus que lui, mais pour lui il est irrésistible, car il porte sur des apparences saisissantes, les seules réalités qu'il soupçonne, et sur des analogies frappantes, le seul mode de comparaison qu'il connaisse ; c'est aussi parce qu'il a foi (et quoi de plus légitime ?) dans le témoignage des plus savants de la tribu, dans la tradition des ancêtres, qui, eux, sont encore vivants et puissants. Sa foi, qui vous semble stupide, est le résultat de sa science, de toute sa science. Sa foi, c'est de la bonne foi. Il n'invente pas des chimères, il ne fait pas de poésie, il traduit comme il peut ce qu'il a cru voir et ce qu'il croit savoir ; il y apporte toute l'application dont son faible cerveau est capable, et il y met le plus d'exactitude qui soit possible avec les instruments dont il dispose.

Sans aller chercher si loin nos exemples, le pauvre pêcheur irlandais ou breton, qui va porter son *ex-voto* à la Vierge, ne doute pas d'elle, parce qu'il ne doute pas de lui ; il n'a pas appris à douter de rien de ce qui se trouve gravé en sa créance. Son esprit ne s'est jamais élevé jusqu'à cette pensée à la seconde puissance qui consiste à penser sa pensée, à la contrôler, à la juger, à la remanier, bref à réfléchir. Il pense tout droit comme il parle, par une sorte de jaillissement dont il ne règle pas le cours, dont il est parfois étonné, croyant y sentir l'action d'un autre, une poussée qui n'est pas de lui, un je ne sais quoi dont il n'est pas le maître.

Cet état d'esprit, qui est celui de l'immense majorité des hommes, ne comporte d'autre méthode que l'absence de méthode, c'est à dire la pure spontanéité.

Les religions primitives nous présentent, à son maximum, cette spontanéité sans limites ; elles ne sont pas le produit, comme on l'a dit, de la folie et du dérèglement de l'imagination ; c'est simplement le premier jet confus et désordonné de toutes les facultés humaines opérant librement (à peu près comme opérerait l'enfant s'il était abandonné à lui-même, au lieu de trouver dans son berceau tous les instruments forgés par les siècles, à commencer par l'outil merveilleux du langage). Mais, même en pleine civilisation, ce qui reste la marque distinctive de la religion, c'est toujours la même méthode, l'affirmation immédiate, la prise de possession d'emblée et d'ensemble. Faite pour la masse humaine et non pour l'élite, il faut bien qu'elle se compose d'éléments accessibles à tous, qu'elle réponde à leurs idées, qu'elle se plie à leurs habitudes d'esprit, qu'elle emploie leurs moyens et parle leur langage. De là vient que même après tant de siècles de civilisation, la religion a encore, a toujours les caractères essentiels que nous venons d'énumérer : elle se fonde et se transmet par autorité, elle se donne comme révélation divine, elle prétend saisir Dieu directement, et, pour y parvenir, elle ne demande à chacun que ce qu'il peut toujours donner, la foi et l'obéissance.

Si la pauvre petite tribu errante ne finissait

pas par s'agréger à d'autres et par former un commencement de nation, où le frottement accélèrera l'éducation mutuelle et créera peu à peu toute la complexité de la société humaine, jamais l'homme n'éprouverait le besoin, pas plus qu'il n'aurait le moyen, de modifier en rien l'édifice religieux à l'ombre duquel il est né.

Mais si lentement que ce soit, à moins de disparaître, une société se développe. Et peu à peu, au fond des esprits qui s'en doutent le moins, un travail se fait tout bas, sourd et silencieux, qui aboutira lentement à une double transformation, l'une au point de vue intellectuel, l'autre au point de vue moral.

La religion jusqu'ici était tout : science, art, industrie, hygiène, médecine, législation, droit, politique, morale, connaissance du passé, du présent et de l'avenir, puissance d'action sur les hommes, sur les choses, sur les dieux, elle contenait tous les trésors. L'histoire de la civilisation est l'histoire de la désagrégation progressive de ce bloc primitif. Du tronc vénérable se détachent l'un après l'autre des rejetons qui, pour grandir, vont lui prendre beaucoup de sa sève. Le prêtre cesse d'être l'homme universel.

A mesure que la société se complique, elle se créera des organes distincts pour des offices distincts, elle remettra la guerre aux guerriers, la justice aux juges, les affaires publiques aux chefs, la médecine aux médecins, les arts aux artisans.

De cette grande histoire de la division du travail, nous n'avons à envisager ici que deux chapitres : comment *la science* et comment *la morale* se détachent-elles de la religion ?

III

La science d'abord.

Toutes les mères ont observé en souriant le moment fugitif où l'enfant se représente toutes les choses comme des êtres semblables à lui, agissant à sa manière, au gré de leur caprice. « La lune est méchante ce soir, disait un bébé, entendu par Guyau : elle ne veut pas se montrer. » Moment fugitif pour nos enfants, parce qu'autour d'eux tout corrige aussitôt cette illusion, mais moment qui fut long pour l'humanité enfant ; personne n'étant là pour l'avertir, il lui a fallu se désabuser toute seule. De là vient que la première conception de l'univers que se soient faite, que se fassent encore sous nos yeux les non-civilisés, c'est celle d'un monde où tout est possible, d'une immense fantasmagorie où passent, comme des ombres, les images les plus variées, sans rien entre elles qui ressemble à un lien, à un ordre, à une loi.

Qu'il faudrait remonter haut dans l'histoire de l'humanité pour saisir l'heure où s'est formée dans l'esprit humain la première et vague idée d'une *nature*, la première limitation du désordre universel, le premier soupçon confus d'un enchaînement régulier des choses !

C'est à cette heure-là que naissait virtuellement la science. Ainsi du moins commençait à se constituer un domaine échappant à la mouvante inconsistance du hasard et du chaos, où des faits suivraient invariablement d'autres faits, où certains événements pourraient être prévus à coup sûr, où se fixerait peu à peu la terre ferme du connaissable et du connu. Continent qui ne fut longtemps qu'un îlot imperceptible, infime, perdu dans l'immensité où continuaient de se jouer les fantaisies arbitraires des puissances inconnues. Néanmoins la coupure était faite, une distinction capitale était entrée dans l'esprit humain. Il y aura désormais pour lui *une nature*, qui est fort peu de chose, et *un surnaturel*, qui est presque tout. Le temps se chargera de renverser les proportions.

Au début, cette séparation des deux domaines ne semble guère diminuer celui de la religion.

Qu'importe que le sauvage sache maintenant que le soleil ne manquera pas de se lever demain, que le ruisseau ne peut pas ne pas couler ou la pierre lancée ne pas retomber, qu'il soit même persuadé que le blé, mis en terre, germera? D'abord il faudra des siècles pour qu'il en soit convaincu au point de n'avoir plus peur qu'un sorcier puissant ou quelque esprit malin ne lui ravisse son soleil, ne fasse rebrousser le cours du fleuve ou ne jette un sort invisible et mortel sur son champ, sur son bétail, sur ses enfants.

Et puis le partage même des deux mondes — l'un naturel, l'autre surnaturel — s'il livre en partie le premier à la science, réserve désormais l'autre à la religion. Le surnaturel sera son royaume propre et inaliénable. Elle seule va s'y mouvoir à l'aise.

Et en effet les générations vont se suivre, les civilisations se transformer, les religions elles-mêmes changer bien des fois de vêtement; une seule chose subsistera, identique, vivace, intacte à travers les âges, base éternelle, support inébranlable des religions : la foi au surnaturel.

Et le conflit n'éclatera vraiment que le jour où la science prétendra mettre le pied sur ce territoire sacré.

Ce jour-là est arrivé — après combien de siècles et au prix de quelles luttes, je n'ai pas à le rappeler.

Libre enfin, la science rend son témoignage. Toutes ses investigations concordent : sciences de la nature, sciences de la vie, sciences de l'homme, histoire des espèces et histoire des sociétés, physique et philologie, critique des idées et critique des faits, tout permet, tout ordonne de dire : le monde a des lois, et ces lois n'ont pas d'exception. Il n'y a qu'une nature, il n'y a pas de surnaturel (1).

Sans doute — qui le dirait avec plus d'autorité que les savants, chacun dans son champ d'études ? — cet univers est toujours divisé en deux parties, l'une connue, l'autre inconnue. Et leur effort persévérant tend à diminuer celle-ci, à étendre celle-là. Mais l'inconnu, ce n'est pas le surnaturel.

Dire que tout ce que nous connaissons est régi par d'inflexibles lois, et ajouter que nous ne connaissons pas encore toutes les lois, c'est autre chose que prétendre connaître des cas où ces lois auraient été bouleversées par l'intervention non d'une autre loi, mais d'une volonté supérieure à la loi.

Il peut rester d'innombrables faits mystérieux, c'est à dire inexpliqués, sans qu'il en résulte la possibilité d'un seul miracle. Car précisément le miracle n'est pas la constatation d'un fait inexpliqué, c'est la prétendue explication d'un fait constaté.

Un fait inexpliqué échappe à la critique, une

---

(1) Sur les contestations qu'a soulevées cette assertion, voir à l'*Appendice* la note **A**.

explication n'y échappe pas. Il faut qu'elle se fasse comprendre et accepter par la raison.

Or, si toutes les religions produisent un nombre considérable de miracles — chacune d'elles, d'ailleurs, jugeant parfaitement ridicules ceux de toutes les autres religions sans exception — toutes aussi se sont trouvées, en face de la science impartiale, dans la même impuissance à esquisser un commencement de preuve scientifique, c'est à dire de preuve, à l'appui d'un seul de ces miracles, grands ou petits, anciens ou modernes.

Ils ont tous visiblement la même origine, la même raison d'être; ils reflètent le même état d'esprit, c'est celui qui n'a pas encore la pleine vision du monde réel, qui ne croit pas à l'ordre universel ou qui n'y croit qu'avec des réserves, qui en revient toujours, invinciblement, à se représenter sous les phénomènes de la nature non pas des lois constantes, mais une volonté pareille à la nôtre, pouvant changer, se contredire, faire des coups de force, ne fût-ce — ô naïveté! — que pour mieux affirmer sa puissance.

On l'a dit avec raison : tous les miracles

sont solidaires, et c'est pourquoi il n'y a pas lieu de distinguer entre eux, au point de vue du moins de leur valeur positive. Apparitions d'anges vêtus de blanc, de vierges resplendissantes, de démons terribles, actes extraordinaires de certains personnages plus ou moins favorisés de Dieu, prédictions, exorcismes, guérisons surnaturelles, croyants miraculeusement protégés contre le fer et le feu, impies frappés de mort subite, sourds qui entendent, aveugles qui voient, impotents qui marchent, morts qui ressuscitent, saints enlevés au ciel, rien de tout cela n'appartient en propre à une tradition religieuse plutôt qu'aux autres ; c'est la commune et luxuriante végétation qui, dans tous les temps et sous tous les cieux, naît et renaît toujours du plus vieux fond de l'âme humaine ; tout cela se retrouve à Thèbes et à Babylone, à Bénarès et à Jérusalem, à Rome et à Byzance, à la Mecque et à Lourdes.

N'y voyons pas d'ailleurs une absurdité gratuite, une simple maladie de la race. Du moment que l'homme s'est fait à lui-même l'idée d'un Dieu maître de l'univers, il lui répugne de supposer ce maître limité dans son action :

le premier mouvement de l'homme est de vouloir son Dieu comme il se voudrait lui-même, tout libre et tout puissant.

Bien loin donc de s'étonner, s'il retrouve partout la croyance au surnaturel, l'historien s'étonnerait qu'elle fût absente : au début, elle ne rencontre dans l'esprit humain aucun obstacle, elle répond à tous ses besoins et à tout son savoir ; plus tard, à mesure que l'expérience l'instruit, elle devient sa ligne de retraite et de défense contre tout ce qui dans l'univers l'accable, le trouble ou le révolte : c'est sa protestation à lui, esprit, contre la matière, à lui, mortel, contre la mort, à lui, qui aime et qui pense, contre l'univers sans pensée et sans amour. De la nature visible, il en appelle à son Dieu invisible. Il aime mieux douter de l'évidence que douter des espérances qu'il porte en son cœur, et il les projette violemment en affirmations intrépides.

A quelque période de l'humanité que vous observiez la foi au surnaturel, vous y trouverez sous l'absurdité de l'enveloppe une des choses les plus nobles et les plus touchantes d'ici-bas, l'esprit se dressant contre la matière, l'homme prétendant dompter la nature.

Mais plus est respectable le sentiment créateur de toute foi au surnaturel, plus il est flagrant que c'est ce sentiment qui a créé cette foi. Il n'y a rien de plus naturel que la foi au surnaturel. Le surnaturel n'a jamais eu besoin d'être imposé à l'âme humaine par voie démonstrative, c'est l'âme humaine elle-même qui l'impose au monde sans hésiter. Que l'expression en soit naïve ou grossière, prosaïque ou sublime, bête ou ange, qu'elle se traduise suivant les âges en magie, en thaumaturgie, en mythes ou en rites, en légendes idéales, en ascétisme farouche, en mysticisme éthéré, en piété évangélique, le fond est toujours le même, c'est l'effort éternel et en quelque sorte l'infatigable palpitation de l'âme humaine haletante après l'infini.

Vous-même qui savez bien qu'il n'y a pas de miracles et qu'il n'y en a jamais eu, n'avez-vous jamais connu un de ces moments de trouble étrange où l'on voudrait revenir en arrière, où, en fermant quelque vieux livre de légendes, on se prend tout bas à se dire : « Quel dommage que cela ne soit pas ! Que ce serait beau pourtant de pouvoir, comme les vieux prophètes d'Israël, compter à point nommé, sur l'intervention de Jahveh, de pouvoir, comme toute l'antiquité grecque et romaine, tenir pour certain qu'un dieu nous répondra, si nous allons consulter son oracle, de pouvoir encore, comme les croyants du haut moyen âge, être sûrs que Dieu qui voit tout et qui peut tout ne laissera pas triompher le méchant et succomber le juste ; il fera plutôt un miracle : l'huile bouillante se refusera à brûler la chair de l'innocent, l'eau à le noyer, le glaive abattu sur son cou rebondira sans le toucher, le fauve affamé se couchera à ses pieds... Soit, dit la science, mais ce n'est pas votre rêve qui décide des choses. Il n'a pas plu à Dieu qu'il en fût ainsi. Les plus épouvantables injustices se font sans que le ciel s'ouvre et que Dieu fasse un geste. Il vous semble que le monde serait plus beau, bâti sur le patron rêvé par les mystiques, esquissé par les Vies des saints et les vitraux de nos cathédrales. Peut-être, mais quoi ! il est fait sur un autre modèle ; il faut dire la vérité, il faut prendre l'œuvre de Dieu telle qu'elle est. Dans ce monde visible, rien n'agit, rien ne survient qui ne soit déterminé et réglé d'avance par ce miracle qui exclut tous les autres, par ce mystère auprès duquel tous ceux de toutes les religions ne sont rien : un réseau universel de lois immuables qui constituent la charte infrangible de l'univers et, dans l'ordre de la nature, la seule loi divine authentique.

Voilà le conflit intellectuel. Ce n'est que la première moitié du conflit, la moins grave peut-être. Abordons le conflit moral.

IV

Le christianisme, et c'est sa gloire, nous a tellement habitués à identifier la morale et la religion, que nous n'accueillons pas sans quelque incrédulité l'idée de les séparer, de les voir s'opposer l'une à l'autre.

L'histoire nous montre pourtant, à toutes les époques, la morale se constituant à part comme la science, s'émancipant comme elle de la religion, et par les mêmes motifs, à savoir que l'esprit humain a mûri et qu'il revise ses premières croyances.

Je ne puis que citer quelques exemples pris au hasard dans les divers âges.

De même que la science commence avec les premières et timides protestations de l'expérience contre les assertions risquées du magicien de la tribu, de même la morale proprement dite apparaît quand, à une coutume établie — et vous savez de quel poids pèse la coutume sur les non-civilisés — s'oppose soudain un sentiment naturel, plus fort chez un individu que chez ses congénères, assez fort pour leur donner la velléité de désobéir.

J'entendais naguère un des hommes les plus informés dans cette matière en donner de nombreux exemples (1). Je n'en citerai qu'un.

Chez certaines tribus indiennes un tabou veut qu'une femme n'accouche pas dans la case conjugale. Quelques jours avant l'événement, on lui construit une sorte de cabane de branchages, qu'on brûle après qu'elle l'a quittée. Je ne sais plus quel voyageur raconte le fait dont il fut témoin : une femme est surprise par

---

(1) M. Léon Marillier, dans ses conférences à l'Ecole de morale, sur les origines de la morale chez les non-civilisés.

les douleurs de l'enfantement, la cabane réglementaire n'était pas construite. On était en plein hiver. Le tabou est formel : il faut que la femme s'en aille ; on lui creuse dans la neige, à quelque distance des huttes, un grand trou qui lui servira de gîte. Le voyageur voit son mari la prendre dans ses bras et la porter dans cette fosse de neige ; il pleurait à chaudes larmes, prévoyant qu'elle allait y mourir. Supposez cet homme faisant par impossible un effort de plus, osant violer le tabou, opposant son sentiment d'humanité à la tradition sacrée du clan ; supposez quelques autres de ses proches, touchés de la même émotion, lui donnant raison et prenant sur eux, au mépris du tabou, bravant le front soucieux des vieillards et les menaces du sorcier, d'autoriser la pauvre femme à rester dans sa hutte, — voilà la morale indépendante entrée dans la tribu.

Il faut bien que, de manière ou d'autre, elle s'y soit fait jour, puisque nous voyons disparaître non sans peine, mais enfin disparaître l'une après l'autre les coutumes barbares revêtues d'un caractère religieux qui a duré des siècles (1).

(1) Voir à l'*Appendice* la note **B**.

Il en est une à laquelle vous songez tout de suite. Dans une partie notable de l'humanité, non seulement sauvage mais déjà civilisée, a régné pendant longtemps la coutume des sacrifices humains. Comment aurait-elle cessé, s'il ne s'était trouvé tôt ou tard quelqu'un en qui la voix de la nature a parlé plus fort que la tradition sacrée ? Le mythe du sacrifice d'Isaac arrêté au dernier moment par Jahveh lui-même n'est-il pas une des traces de cette heureuse révolution ? Et la substitution de la victime animale à la victime humaine ne marque-t-elle pas, par une heureuse transaction, la première victoire de la morale naturelle sur l'autre ? Ne vous hâtez pas de croire que ce fut une victoire facile. Lisez par exemple dans un des savants et beaux écrits d'Albert de Réville tout ce qu'il a fallu de diplomatie et d'efforts pour déterminer un peuple pourtant en pleine civilisation, le peuple mexicain, à renoncer à cette abominable pratique, tant il redoutait les fléaux sans nom que les prêtres lui annonçaient comme châtiment de cette impiété.

Mais dans la Bible même, ne voyons-nous pas avec quelle terreur le peuple d'Israël, en dépit de ses admirables prophètes, regarde ses voisins cananéens, dans les cas de grande détresse, faire passer par le feu leurs premiers-nés, c'est à dire les brûler en l'honneur d'un dieu terrible — celui qu'on a désigné sous le nom inexact de Moloch? — Et nous ne pouvons pas lire sans reconnaissance ce commandement de la loi mosaïque qui, en maintenant l'usage de sacrifier les premiers-nés de tous les animaux, en excepte solennellement le premier-né de l'homme et remplace ce sacrifice par une offrande.

Que d'autres exemples la Bible ne nous donnerait-elle pas de ces conquêtes successives et partielles de la morale humaine sur la morale religieuse traditionnelle! Rappelez-vous ce drame tragique, dont nous ne savons pas même l'issue, qui se passe au moment où Esdras et Néhémie entreprennent de restaurer Jérusalem et de faire respecter désormais aux débris d'Israël revenus de Babylone la loi de Jahveh dans toute sa pureté. Le premier précepte de cette loi, c'est l'interdiction pour le juif pieux d'épouser une femme étrangère. Or le plus grand nombre de ceux qui reviennent d'exil, à commencer par les lévites et les prêtres, ont, depuis longtemps, épousé des femmes étrangères. Que faut-il faire? Les purs, les croyants, les parfaits observateurs de la loi n'hésitent pas : ces femmes et leurs enfants, il faut les renvoyer. Beaucoup hésitèrent. Et c'est sans doute au cours de ce long et anxieux débat qu'un inconnu intervint, en y jetant un simple conte, la perle des idylles orientales, l'histoire de Ruth la Moabite, qu'il conclut par ces simples lignes : « Or Booz engendra Obed, qui fut le père d'Isaï, qui fut le père de David. »

Quel plaidoyer en faveur des femmes étrangères ! Quelle victoire de la morale humaine sur la prétendue morale divine ! Quel trait de génie que cette invention du cœur, d'un cœur digne des prophètes ! Et qu'ils ont bien fait, ceux qui ont joint ce petit conte aux livres saints des Juifs !

N'est-ce pas encore la morale naturelle qui s'inscrit en faux contre le texte même de la loi religieuse, quand les derniers prophètes, au mépris du Décalogue où Dieu dit : « Je punis l'iniquité des pères sur les enfants », s'enhardissent jusqu'à s'écrier : « Non, cela n'est pas. Ne répétez plus ce faux proverbe : « Les pères ont mangé les verjus et les enfants en ont eu les dents agacées. » Celui qui a péché, c'est celui-là qui sera puni ; ni le père ne paiera pour le fils, ni le fils pour le père (1). »

Mais j'ai hâte de laisser tous ces témoignages d'un passé lointain pour entrer au vif de ce qui nous touche, nous, hommes de ce temps.

Nous aussi, nous surtout, il nous faut choisir entre les inspirations impérieuses de notre conscience et les croyances traditionnelles. On voudrait se faire l'illusion que ce divorce ne se produit que sur des points particuliers, secondaires. Mais non. Il faut avoir le courage de se l'avouer : comme la science écarte en bloc tout le surnaturel, c'est aussi le fond de la dogmatique, oui, de notre dogmatique chrétienne traditionnelle, que la morale est obligée de rejeter en bloc.

Que si en parlant ainsi, je venais, contre mon

---

(1) Ezéchiel XVIII, tout entier ; Jérémie XXXI, 29 31, etc.

intention, à choquer quelqu'un dans cet auditoire, je le prie de m'excuser d'abord ; je le prie aussi, avant de crier au scandale, de se recueillir, comme je tâche de le faire moi-même, dans cette pensée que la vérité ne dépend pas de nous, mais nous d'elle : les uns et les autres, nous aurons épuisé notre pouvoir et notre devoir, si nous sommes bien résolus à la chercher non telle que nous la voudrions, mais telle qu'elle est. Cherchons-la avec crainte et tremblement, car c'est une chose sainte dont on ne se joue pas, mais cherchons-la en toute liberté d'esprit, car elle ne se découvre qu'aux esprits libres.

Ouvrons le catéchisme, je ne dis pas l'Evangile, mais le catéchisme chrétien sous sa forme populaire, telle que nous la trouverions aux mains des fidèles et de leurs enfants dans l'immense majorité du groupe de quatre ou cinq cents millions d'hommes qui représentent la religion chrétienne sur la terre.

Laissez-moi vous parler du catéchisme, en profane sans doute, avec la simplicité un peu épaisse peut-être d'un simple laïque ; mais dans le protestantisme au moins, les laïques ont le droit de lire le catéchisme et même d'essayer de le comprendre. C'est pour eux qu'il est fait, après tout. Et, puisqu'il s'agit de l'usage à en faire dans l'éducation, ce qui importe, c'est bien la manière dont ils le comprennent, eux, et non pas l'intelligence plus subtile que peuvent en avoir les théologiens.

Un Dieu parfait a créé l'homme à son image, il l'a créé libre. L'homme n'a pas su faire bon usage de sa liberté. Il est déchu, lui et toute sa postérité. En conséquence ses descendants ne sont plus libres, quoiqu'ils en aient encore quelque apparence. Ils naissent dans le péché, ils pèchent fatalement. En conséquence Dieu les punira. Comment? Par des supplices qui n'auront ni fin ni trêve. Pourtant il choisit quelques-unes de ces tristes créatures pour les sauver. Choisit-il les plus dignes? Il choisit ceux qu'il lui plaît de gracier. Mais à leur salut, il faut deux conditions: l'une qui ne dépend pas d'eux, c'est que Dieu envoie sur la terre son Fils, un autre lui-même, pour souffrir à leur place une mort qui expiera les fautes du genre humain ou du moins celles des élus; l'autre qui dépend d'eux et qui sera la foi, avec les œuvres qui en découleront. Ceux qui auront été ainsi élus pour croire croiront, et ils seront sauvés, les autres éternellement damnés.

Voilà l'épopée divine dont on veut que notre âme se repaisse.

Que ce soit une des plus belles et des plus hautes constructions dogmatiques que notre pauvre monde ait vu édifier, je ne le nierai pas. Qu'à l'époque où elle fut conçue et fixée en système, elle ait marqué sur les religions antérieures un indéniable progrès, il n'est pas très difficile de le montrer. Mais quoi ! est-ce là la question ? La question est de savoir si nous pouvons, pour nous accommoder à ce dogme, contraindre nos consciences à revenir en arrière et, de force, les rétrécir à la mesure d'il y a deux mille ans.

De toute cette histoire de Dieu, de l'homme et du monde, il n'y a pas un mot qui ne provoque dans notre conscience, je ne dirai pas l'indignation (car pour s'indigner il faudrait y croire), mais une muette et triste dénégation.

Un Dieu sage qui crée des millions d'êtres avec la certitude de les faire périr, que dis-je !

de les faire souffrir inexprimablement pendant l'éternité! Un Dieu de vérité qui leur dit : « Voilà ma loi, obéissez ou vous êtes perdus, » et qui sous-entend ce qu'il sait bien : « Il vous est matériellement impossible d'y obéir, vous êtes perdus avant de naître. » Un Dieu juste qui, à des fautes d'un instant, attache comme punition un supplice que n'épuisent pas des millions de siècles! Un Dieu miséricordieux qui veut sauver une partie de ses victimes et qui, pour cela, n'a d'autre moyen que de frapper cruellement à leur place son Fils innocent! Non, non, ce Dieu n'est pas le nôtre, et nous ne saurions demander à nos enfants d'y croire.

Est-ce notre faute si nous ne pouvons plus supporter une telle conception de Dieu? Qui est-ce qui nous en a donné une autre? Pourquoi avons-nous, gravée au fond du cœur, l'image d'un Dieu qui veut que tous ensemble nous l'appelions « Notre Père », d'un Dieu qui est amour, d'un Dieu qui entend que nous pardonnions, nous qui sommes mauvais, septante fois sept, et qui, lui, se personnifie dans l'infinie compassion du Père de l'enfant prodigue?

L'humanité, après tout, n'est pas plus coupable que l'enfant prodigue.

Pourquoi donc, au lieu de la doctrine de Jésus, l'Eglise nous a-t-elle transmis une dogmatique qui y ressemble si peu ? Nous le voyons très bien.

Au temps où fut construit ce système du monde, fondé sur la création, la chute, la damnation, la rédemption, il répondait à l'état général des esprits ; il avait sur les esprits d'alors infiniment plus de prise que le Sermon sur la Montagne ; du moins les sages de l'Eglise en ont jugé ainsi.

En ce temps-là, il y a quinze ou dix-huit cents ans, on ne trouvait pas mauvais que Dieu ressemblât à un monarque de l'ancien monde, maître absolu des choses et des hommes, sans autre loi que son bon plaisir ; la conscience humaine ne commence à se révolter contre un idéal grossier que quand elle est devenue capable d'en entrevoir un plus pur.

En ce temps-là, l'idée de la faveur ne révoltait personne : on ne croyait pas outrager Dieu en le supposant capable, comme tous les souverains, de faire grâce à qui bon lui semble, et d'être impitoyable aux autres.

L'ancien monde, habitué à des théories sauvages sur la pénalité, ne se demandait pas ce qui viendrait à l'esprit du moins lettré de nos jours : que peut bien signifier, surtout de la part d'un Père, une punition qui n'amende pas le coupable, qui ne le ramène pas au bien, qui ne sert à rien ni à personne, à moins qu'elle ne soit, comme les supplices des temps antiques, un horrible épouvantail pour le troupeau des humains?

En ce temps-là même, on peut soutenir que, si révoltante qu'elle fût, cette doctrine des peines éternelles faisait faire un grand pas à l'humanité. Inculquer à la masse des peuples cette extraordinaire peur du péché, fût-ce sous la forme de peur de l'enfer ; frapper à ce point l'imagination populaire, la faire frissonner d'horreur au tableau des souffrances sans mesure liées à une seule mauvaise action, c'était le sublime dans le barbare !

Et peut-être ceux-là ont-ils bien mérité du genre humain, qui lui ont, avant l'heure, avant qu'il fût capable de comprendre autrement, révélé de force par de grossiers et terrifiants symboles la valeur infinie de la loi morale et l'incalculable portée d'une action humaine.

En ce temps-là c'était une conception qui semblait indispensable à toute religion que celle de la rédemption par un sacrifice expiatoire. Oh! cette idée d'expiation, comme on devrait en raconter l'histoire à nos enfants et qu'elle leur importerait plus que celle des rois et des batailles! A l'époque où le dogme chrétien se constitue, le sacrifice offert aux dieux, c'est la seule institution universelle sur la terre, l'institution humaine par excellence. Pas de société sans religion, pas de religion sans sacrifices, la plupart sanglants. Nul, pas même les philosophes, n'eût conçu sans cette forme essentielle du culte une société civilisée. Grecs et Barbares, Aryens et Sémites, Egyptiens et Hindous, la terre entière sacrifiait; on sacrifiait à Jérusalem comme à Tyr, comme à Athènes, comme à Rome; Socrate sacrifiait, Marc-Aurèle sacrifiait. Comment la religion nouvelle n'aurait-elle pas eu de sacrifice? Sans sacrifice eût-ce été une religion?

Les premiers disciples de Jésus, juifs, firent de la mort du Christ le dernier et parfait sacrifice lévitique, celui qui rendait tous les autres inutiles. Et saint Paul, s'emparant de cette grande image, en fit un dogme. Et tous comprirent, car tous en étaient là qu'il fallait une expiation. Jésus était la victime expiatoire. Comment ? En quel sens ? Par quelle série d'opérations mystérieuses, théorie plusieurs fois changée au cours des siècles ? C'est ce qu'expliquait naguère dans nos Revues religieuses (1) un maître de la science théologique, que vous avez entendu ici même, et vous ne l'avez pas oublié, M. le doyen Sabatier. Rançon payée au diable ou dette acquittée envers Dieu, avec un trop-plein de mérites surérogatoires qui se déverse sur les morts et les vivants, flot que l'Eglise se chargera de canaliser ; substitution de l'innocent au coupable pour venger l'honneur de Dieu, plus tard pour satisfaire sa justice ; vertu magique de cette « satisfaction vicaire » qui fait que le sang d'un Dieu immolé nous

---

(1) Notamment deux articles de la *Revue chrétienne* (1er janvier et 1er février 1900), *la Vie chrétienne et la Théologie scientifique*, réunis depuis en brochure sous le même titre ; et deux autres articles dans le *Christian World*, faisant partie de la série d'études intitulée *The atonement in modern religions thought* (11 et 18 janvier 1900).

est imputé à justice, qu'importe ? Ce n'est pas plus l'une que l'autre de ces théories qui nous choque, c'est l'idée fondamentale de toutes, c'est cette croyance au rite sacrificiel, propitiatoire, expiatoire, purificatoire, qui nous est devenue totalement étrangère.

Là encore, qui nous a appris à ne pouvoir plus attacher aucun prix ni aucun sens au rituel sacré de toutes les religions d'autrefois, hellénique ou hébraïque ? Qui, si ce n'est celui qui, reprenant quelques-unes des plus étonnantes paroles des vieux prophètes de son pays, nous a enseigné que c'est le cœur qu'il faut purifier, que là seulement s'opère la véritable expiation, et que là se font les seuls sacrifices agréables au vrai Dieu ?

Arrêtons ici ce résumé trop long et pourtant beaucoup trop court. Nous avons essayé de nous représenter comment la science et la morale se sont lentement détachées de la religion et constituées à part.

Nous voyons d'où vient que l'éducation moderne se trouve en présence de trois disciplines fondamentales qui sont évidemment trois forces directrices de l'esprit humain, qui ont beaucoup de points de contact, mais qui aujourd'hui ne sont plus coordonnées, n'agissent plus synergiquement et harmoniquement.

Entre elles, nous sommes obligés d'en convenir, il y a non pas *des conflits*, mais *un conflit*. Le désaccord porte sur le fond.

Vingt siècles après l'ère chrétienne, comme vingt siècles avant, la religion — à tort ou à raison — repose sur ces deux colonnes : le miracle et le dogme. Or il y a impossibilité pour la science d'admettre le surnaturel, même le surnaturel chrétien. Il y a impossibilité pour la conscience d'admettre le dogme, même le dogme chrétien.

De là un trouble intérieur qui n'est pas celui d'une heure, mais d'une vie, qui ne compromet pas la bonne tenue extérieure, mais qui affaiblit toujours et paralyse parfois chez nous les forces vives de la pensée et de l'action : un esprit divisé est un esprit qui s'épuise.

Est-il donc impossible de rétablir l'unité détruite? Faut-il renoncer à remettre l'ordre et l'harmonie au fond de nous-mêmes ? C'est ce que nous allons chercher en étudiant les diverses solutions qui nous sont proposées pour résoudre le conflit sans supprimer dans l'homme rien de ce qui est humain.

DEUXIÈME CONFÉRENCE

DIVERSES SOLUTIONS DU CONFLIT ; LEURS DIFFICULTÉS

EST-IL POSSIBLE DE DONNER LA PRÉPONDÉRANCE A LA RELIGION ? A LA MORALE ? A LA SCIENCE ? — DE LES CONSIDÉRER COMME RESPECTIVEMENT INDÉPENDANTES ?

DEUXIÈME CONFÉRENCE

Mesdames, Messieurs,

Quand nous aurions parfaitement réussi à nous expliquer l'origine du conflit entre les influences diverses qui se disputent le gouvernement de notre vie, en résulterait-il que ce conflit doive nous satisfaire ? Nous est-il possible de nous résigner à de telles oscillations de la pensée ? L'esprit peut-il consentir à son propre déchirement ? Se placer tour à tour, pour juger les choses humaines, au point de vue simpliste et poétique de la foi religieuse, puis au point de vue scientifique, puis encore au point de vue éthique, avec la certitude de voir trois fois changer le spectacle de fond en comble, c'est peut-être une jouissance de dilettante, c'est une souffrance pour l'éducateur, car il sait, lui, que l'enfant n'est pas un jouet dans sa main : une âme n'est pas une lyre que l'artiste ait le droit de faire vibrer au gré de sa fantaisie changeante ; les sons qu'on lui fait rendre, chants ou sanglots, elle les tire du plus profond d'elle-même, ils sont faits du meilleur de sa substance, elle en vit ou elle en meurt.

Faut-il donc s'étonner si le conflit que nous avons essayé de retracer inquiète les hommes d'éducation ? Ils sentent toute leur œuvre compromise par un vice intérieur. Le même esprit ne saurait, en restant sincère avec lui-même, passer tour à tour par tant d'états contraires, croire en Dieu et puis n'y pas croire, affirmer l'ordre et la finalité dans les détails, en douter pour l'ensemble, considérer aujourd'hui comme l'essence des choses ce qui lui semblera demain une apparence fugitive, voir le monde tantôt comme un immense enchaînement de nécessités, tantôt comme traversé par le fait souverain de la liberté pure.

S'il faut renoncer à l'unité, que ce ne soit pas du moins sans avoir tout fait pour la découvrir, si elle existe — pour la créer, si cela dépend de nous.

Voyons donc les diverses solutions proposées, et mettons-les à l'épreuve.

Il y en aurait bien une qui serait la plus facile de toutes, mais nous ne lui ferons pas l'honneur de la compter. Non qu'elle manque de partisans : c'est peut-être celle, en fait, qui en a le plus. Elle consiste à accepter l'incohérence et à s'en faire un système : on taille en soi-même plusieurs hommes, menant parallèlement leur vie d'après des principes différents, l'homme religieux, l'homme de science, l'homme du monde, l'homme pratique, l'homme d'honneur, chacun d'eux ayant son domaine et n'empiétant pas sur les autres.

Vous vous rappelez cette page vigoureuse et amère où Jean Paul met à nu les variations secrètes que trahirait notre enseignement moral si l'on mettait bout à bout les maximes qu'on aura dans une famille implicitement appliquées au cours d'une même journée. Des douze heures du jour, chacune sonne une morale différente : morale de l'obéissance et morale de l'initiative, morale du devoir et morale de l'intérêt, morale du bien absolu et du bien relatif.

Combien plus il aurait raison, l'âcre humoriste, s'il nous obligeait à ouvrir ces compartiments à cloisons étanches où nous enfermons nos diverses et alternantes manières de voir, en fait de religion et de philosophie. Il y a en nous, suivant les heures, l'étoffe d'un sceptique et celle d'un croyant, la froide insensibilité du savant, la curiosité aiguë du penseur et la passion émue de l'artiste, et souvent, pour finir, la sagesse terre à terre de l'homme qui a pris son parti de n'y plus songer. Tout cela ensemble fait plusieurs hommes, mais cela ne fait pas un homme.

Cette facilité à se prêter à tout est un prétexte pour ne se donner à rien. Là où il n'y a pas d'unité de direction, il n'y a pas d'éducation ; car instruire c'est diriger, et diriger dans tous les sens à la fois, c'est le contraire de diriger.

Pour éviter l'anarchie, il faudrait pouvoir résolument donner la prédominance à l'une ou à l'autre des forces en présence. Elles sont trois, il y a donc trois solutions possibles, suivant qu'on assignera la prépondérance à la religion, à la science ou à la morale.

I

Pourquoi chercher si loin le remède qui est si près ?

Si la religion a été la première institutrice du genre humain, était-ce un hasard ? N'est-ce pas plutôt la force des choses, c'est à dire leur logique interne qui le voulait ainsi ?

Il faut toujours finir par prendre un maître, parce qu'on ne peut pas prétendre indéfiniment errer, flotter, chercher, tâtonner, raisonner. Un peu plus tôt, un peu plus tard, il faudra vous fixer ; le mot d'Aristote est vrai ici plus qu'ailleurs : ἀνάγκη στῆναι. Car, enfin, si chacun recommence pour son compte cette opération de critique sans terme, à quoi mènera ce débordement d'individualisme, sinon, comme nous le voyons, au total désarroi ? Imposez-vous plutôt de compter pour quelque chose le travail humain, l'œuvre des siècles, la tradition. Renoncez à dire : moi seul et c'est assez. S'insurger contre le passé, en répudier le legs, prétendre faire reviser par chaque génération les vérités acquises par ses devancières, c'est la folie du sens propre, l'aveuglement pédantesque d'un orgueil qui se condamne lui-même à l'impuissance.

Qui que vous soyez, de plus grands que vous se sont soumis, de plus savants ont trouvé au bout de leur science le « besoin de croire », et ils ont cru. Au fond, de quoi s'agit-il? De quelques points de doctrine fort obscurs et fort abstraits. Ils présentent des difficultés, sans doute, mais l'opinion contraire en présente autant ou peu s'en faut.

Rappelez-vous le mot de Pascal : « Incompréhensible que Dieu soit, incompréhensible qu'il ne soit pas. » Et, comme lui, vous finirez par dire, en songeant à toute la controverse sur le détail du dogme : « Que je hais ces sottises : ne pas croire à l'eucharistie, etc. Si l'Evangile est vrai, si Jésus-Christ est Dieu, quelle difficulté y a-t-il là ? » L'acte de raison par excellence, le seul que vous ayez à faire, ce sera d'incliner la superbe de votre raison. Et, alors, vous aurez rétabli l'unité, restauré en vous et hors de vous le principe d'autorité, retrouvé Dieu.

Toutes les fois que j'entends ces discours

— et M. Brunetière vient de les faire de nouveau retentir en France avec l'éclat que vous savez — j'aime à me rappeler comment un autre grand catholique commençait un de ses plus beaux écrits.

La première phrase du *Traité de morale* de Malebranche est celle-ci : « La raison de l'homme est le verbe ou la sagesse de Dieu même. » Je pense encore à ce mot de Vinet : « Il y a une conscience du vrai, comme il y a une conscience du bien, et l'une est aussi inviolable que l'autre. » Et je ne puis m'empêcher de me demander : pourquoi donc cet acharnement contre la raison, comme si c'était quelque artifice malin inventé par l'homme à sa guise et pour son profit, comme si elle n'était pas, elle aussi, elle surtout, de droit divin, comme si nous pouvions contredire à ce mot que l'évidence arrachait aux païens eux-mêmes : *nihil est, in homine, ratione divinius*. Etrange méthode pour trouver son chemin dans la nuit que de commencer par éteindre le seul flambleau qu'on ait sous prétexte qu'il n'est pas assez lumineux !

M. Brunetière, à qui il est donné de revivre

à la veille du xxᵉ siècle des états d'âme fréquents au xviiᵉ siècle, ne se lasse pas de s'étonner de « l'insolence intellectuelle » des réformateurs et proprement de tous les non-catholiques. Comme s'il y avait plus « d'insolence intellectuelle » à affirmer que le dogme a varié qu'à affirmer qu'il n'a pas varié, à affirmer que tel miracle n'est pas démontré qu'à affirmer qu'il l'est, à se prononcer pour Arius qu'à se prononcer pour Athanase ! Comme si, dans les deux cas, il ne fallait pas avoir examiné, pesé, jugé les raisons pour et contre, à moins d'avouer qu'on se dispense de tout examen en répétant servilement les mots dictés par autrui !

D'ailleurs — pourrions-nous répondre à ceux qui ne savent voir dans l'incrédulité qu'un orgueil intellectuel — vous nous croyez plus intellectualistes que nous ne sommes. Eh quoi ! ne comprenez-vous pas que, si attachés que nous soyons à cette raison, nous sommes hommes après tout, nous ne vivons pas de science seulement, nous avons besoin d'aimer et d'espérer, de croire à la vie, d'en prolonger les lignes au delà du visible, de nous sentir en paix, en joie, en mouvement vers l'infini ? Et si, à défaut de la raison, quelque part, en dehors d'elle, au-dessus ou au-dessous d'elle, malgré elle, apparaissait à l'horizon de notre conscience ce je ne sais quoi de divin dont toute conscience humaine a soif, vous ne voyez pas comme nous l'inclinerions vite, cette superbe de notre raison, pour courir aux sources d'eau vive ?

Hélas ! c'est précisément notre conscience, bien plus que notre raison, qui nous empêche de revenir aux croyances traditionnelles. Contre elles, j'ai essayé de vous le faire entrevoir par quelques exemples, ce qui parle le plus haut en nous, ce n'est pas la science, c'est la conscience, oui, celle-là même que nous devons à dix-huit siècles de christianisme.

A nos objections d'ordre intellectuel, nous pourrions peut-être passer outre, mais non pas à ces invincibles répugnances morales qui se dressent entre nous et le catéchisme comme un impérieux *veto*.

La controverse théologique a fait son temps, la polémique autour du dogme est un exercice qui n'intéresse plus personne, pas même les professionnels. Pourquoi? C'est qu'on ne tue pas un dogme à coups d'arguments, pas plus qu'on ne le restaure à force d'étais apologétiques. Les dogmes meurent tout seuls, quand l'idée qu'ils représentent est tombée en désuétude, quand l'esprit humain ne peut plus la comprendre, ou, ce qui revient au même, la comprend trop.

C'est à ce point que nous en sommes vis-à-vis de la dogmatique chrétienne, tous tant que nous sommes, croyants et incroyants, protestants et catholiques, ceux qui se l'avouent et ceux qui ne se l'avouent pas. Et c'est pour cela qu'une restauration du principe religieux sous sa forme traditionnelle est impossible.

Le dogme a cessé de vivre dans nos consciences, parce qu'il n'y pouvait plus vivre. Vous voulez à tout prix rester attachés à la tradition. Soit, mais vous ne voulez pourtant pas mentir à votre conscience. Eh bien, je vous le demande, et que chacun de vous se réponde en toute droiture : Vous qui êtes attachés à la foi évangélique, pouvez-vous vous faire l'illusion que vous croyez encore — je ne veux pas dire que vous confessez des lèvres, mais que vous vous représentez pour tout de bon comme une réalité — une seule, n'importe laquelle, de ces vérités fondamentales du christianisme dont nous parlions l'autre jour : un Dieu créant des milliards de pauvres êtres pour les envoyer aux supplices éternels ; un Dieu faisant éclater sa puissance à la façon des tyrans antiques, par l'arbitraire absolu dans la faveur et dans la rigueur ; un Dieu frappant de mort son fils innocent et saint pour expier les forfaits des hommes et consentant ce pacte sans nom, avec qui ? pourquoi ? en vertu de quelle loi ? en vue de quel bien ?... Non, dès que vous y arrêtez un instant votre pensée, vous sentez clairement que vous ne croyez pas cela. Vous ne croyez plus, comme l'ont cru vos pères, qu'il y ait quelque part dans l'univers un diable, sorte d'anti-Dieu dont Dieu se sert comme d'instrument. Vous ne croyez plus, comme l'ont cru vos pères, qu'il y ait quelque part un enfer, avec tout un arsenal de tortures, avec l'éternité pour les faire durer en des raffinements de cruauté. Vous ne croyez plus, comme l'ont cru vos pères, que les enfants morts sans baptême soient autrement traités dans l'autre monde que les baptisés.

Et voulez-vous la preuve irrécusable que vous ne croyez plus à rien de tout cela, non plus qu'à tant d'autres articles du *Credo* que vous répétez peut-être encore? Si vous y croyiez, il ne vous serait pas possible de vivre comme vous vivez. Si vous y croyiez comme y ont cru les hommes d'il y a plusieurs siècles, vous éprouveriez ce qu'ils ont éprouvé, vous referiez ce qu'ils ont fait ; la même épouvante vous secouerait, la même fièvre du salut serait la grande affaire de votre vie. Si vous étiez persuadés que c'est cela le monde, que c'est cela la destinée humaine, comme eux et beaucoup plus qu'eux, vous prendriez en pitié le monde et vous-mêmes, vous n'auriez plus qu'à retourner aux déserts, à vous enfermer dans les cloîtres, à prier, à pleurer, à vous meurtrir jour et nuit, à user les dalles de vos genoux, pour fuir cet enfer et pour gagner ce ciel qu'ils avaient, l'un et l'autre, sans cesse devant les yeux et qui ne sont plus pour vous que des mots vides. Si par impossible vous aviez encore la foi du moyen âge, vous seriez comme l'a été tout le moyen âge, obsédés par cette vision, et vous n'en sortiriez que par une des deux voies : ou celle de l'égoïsme plat qui fait son salut par l'entassement des pratiques pieuses, ou celle des âmes d'élite qui s'abîment dans la délicieuse horreur de l'ascétisme ou qui s'échappent à elles-mêmes dans la demi-mort du mysticisme ; la superstition épaisse de la foule ou bien la vie des sainte Elisabeth, des sainte Thérèse, et des François d'Assise.

Que dis-je ? Cela même ne vous est plus possible, car les siècles ont passé sur vous et ils ont, à votre insu, élargi votre esprit, attendri votre cœur. Vous n'en voudriez plus, aujourd'hui, de ce salut individuel qui suffisait aux saints de l'ancien monde : être sauvés et bienheureux tout seuls, et jouir d'en haut du spectacle de l'infinie souffrance de vos semblables, vous ne pouvez pas même en supporter l'idée. Vous sentez bien que, dans ces conditions, il ne vous serait possible ni de louer Dieu, ni d'habiter son ciel. S'il vous était donné de prendre au sérieux un instant l'histoire universelle du catéchisme ou celle de Bossuet, vous n'auriez qu'une manière de sortir de ce cauchemar, qui serait de vous jeter dans un autre : c'est celui de Schopenhauer et de Hartmann que vous embrasseriez avec la volupté du désespoir ; vous ne rêveriez plus que l'anéantissement d'un pareil monde, et le peu qui vous resterait de pensée et de volonté, vous l'emploieriez à la seule œuvre raisonnable : le suicide universel.

Peut-être êtes-vous tentés de croire que ce discours ne s'adresse qu'aux protestants, qu'eux seuls ont vu, avec le temps, leur foi se transformer, les dogmes s'évanouir en symboles et la lettre du *Credo* devenir aussi inacceptable à leur conscience qu'à leur raison. C'est, en effet, la prétention de l'Eglise catholique d'avoir échappé à cette loi du changement et de nous présenter après tant de siècles, identique et immuable, la vérité religieuse absolue. Ce que vaut cette prétention, l'histoire nous l'a depuis longtemps appris.

De chacun de ces dogmes, elle nous fait découvrir la genèse, elle nous en fait suivre de siècle en siècle les accommodations conscientes ou inconscientes, spontanées ou réfléchies. Les mots restent les mêmes, mais, sous les mots, les choses ont incessamment évolué, le sens qu'on y attachait s'altère profondément d'un siècle à l'autre. Pas plus que le protestant, le catholique de nos jours ne peut, dès qu'il rentre en lui-même, s'imaginer qu'il croit ce que croyaient ses pères : lui aussi il a beau faire, il a cessé pratiquement de croire au diable, à l'enfer, aux peines éternelles, et, du même coup, à presque tout le merveilleux et à presque tout le dogme dont il peut encore peut-être réciter la lettre, grâce à la précaution qu'il prend de n'y pas fixer sa pensée, d'éviter de s'en rendre compte.

Nous savons bien que c'est là une transformation que le catholicisme n'avoue et même ne s'avoue pas : son immutabilité reste son titre de gloire aux yeux des fidèles comme à ceux de leurs chefs ; c'est sa raison d'être et de régner ; il ne saurait y renoncer sans renoncer à soi-même.

Et pourtant, prenons garde d'être à l'égard du monde catholique des observateurs superficiels, ou aveuglés par des partis-pris logiques. Il se fait, en ce moment même, dans le catholicisme, un mouvement qui, s'il échappe encore aux regards de la foule, n'en est pas moins gros de conséquences.

Des écrivains déjà nombreux, ecclésiastiques et laïques, entreprennent, avec une grande force, de présenter le catholicisme à la démocratie moderne sous un jour nouveau. Ce n'est pas seulement en Amérique que l'américanisme est en train de modifier la figure traditionnelle du catholicisme. Pour ne parler que de la France, dans des livres savants, dans de curieuses études historiques, dans des ouvrages théologiques même, en chaire, dans les congrès (1), dans les cercles catholiques, dans des rapports sur les œuvres de bienfaisance, d'édification, de moralisation, d'instruction, dans des manifestes électoraux, dans d'innombrables articles de revues et de journaux — car la presse catholique est en plein épanouissement — de toutes parts et sous toutes les formes, une idée se fait jour, qu'on pourrait résumer de la manière suivante :

« Les adversaires du catholicisme ont réussi jusqu'ici à le représenter comme une institution fermée, rétive au progrès, hostile à la liberté,

(1) Voir à l'*Appendice* la note C.

indifférente ou opposée à ce que l'on appelle les besoins de l'esprit moderne ; c'est une grossière erreur. Non seulement le catholicisme et la vie catholique n'impliquent pas un rétrécissement de l'esprit humain, mais encore il n'est pas d'aspiration de l'âme humaine, si hardie qu'elle semble, qui ne trouve dans le catholicisme la plus large satisfaction. Aspirations de la pensée : l'Eglise les encourage, car où trouvera-t-on plus de richesse et plus de hardiesse de pensée que dans l'œuvre tant de fois séculaire de ses théologiens, qui ont tout dit et tout osé, qui ont philosophé avant les philosophes, étudié la nature, étudié l'histoire, étudié les langues, étudié les arts avant les savants, les historiens, les artistes modernes ? Aspirations morales : en est-il une seule qui n'ait été connue, éprouvée, approfondie et poussée jusqu'au dernier degré de beauté idéale par quelques-unes de ces âmes saintes qui vivaient à l'ombre des cloîtres et dont l'*Imitation* a fait arriver jusqu'à nous les soupirs immortels ? Aspirations sociales enfin : qui donc a prêché la fraternité, qui a enseigné la religion de la sympathie, popularisé en des symboles sublimes la solidarité, longtemps avant qu'on pût songer à la *Déclaration des droits de l'homme ?* Qui, encore aujourd'hui, donne dans des communautés religieuses le prototype d'un collectivisme idéal ? Qui s'ingénie à multiplier sous tous les noms les œuvres sociales contenant plus de socialisme effectif que n'en ont jamais réalisé les utopies politiques les plus avancées ? Qui, si ce n'est l'Eglise catholique (1) ?

« Il fut un temps, sans doute, où, pour démontrer la vérité de sa doctrine, elle croyait n'avoir qu'à en exposer « l'antiquité » et la

---

(1) « Nous connaissons plusieurs jeunes catholiques que tente cette tâche et qui rêvent de se consacrer à cette sorte de travail apologétique. Ils comptent parler la langue des *intellectuels* et — après avoir conquis, par des études approfondies et désintéressées, par des services rendus à la science, le droit de se faire écouter — montrer que le catholicisme est à la fois si solide et si simple que non seulement il n'a rien à craindre des méthodes modernes, mais qu'au contraire il apparaît plus grand et plus harmonieux lorsqu'une critique sérieuse et avisée l'a dépouillé de tout ce qui n'était pas lui, de cet encombrant ramassis de plantes parasites semées et cultivées par des mains tout humaines et dont l'importun et malfaisant contact ne saurait que défigurer l'édifice immortel d'une Eglise toute divine. » (Discours de M. Marc Sangnier à l'*Association catholique* sur ce sujet : *Les Catholiques et l'Education du peuple*, reproduit dans les *Questions actuelles*, n° du 26 mai 1900, p. 47.)

« suite immuable ». Mais depuis Bossuet, une autre notion est intervenue, elle est aujourd'hui en possession de toute la faveur publique. C'est l'évolution. Vous figurez-vous que l'Eglise ait attendu Darwin pour faire à l'évolution sa part? Saint Paul l'avait déjà proclamée : « L'Eglise
» est un corps vivant dont Jésus-Christ est le
» chef. Aussi l'Eglise, en même temps qu'il y
» a quelque chose en elle qui ne change pas, est
» soumise à une *loi de croissance*, de dévelop-
» pement, de progrès : de l'enfance à l'adoles-
» cence, de l'adolescence à la virilité, elle ne
» cesse de tendre vers l'âge parfait où toutes ses
» forces atteindront leur plus haut degré d'acti-
» vité et de souplesse, en un mot leur pléni-
» tude (2). »

Un jeune et brillant écrivain se faisait fort, naguère, de trouver dans les Pères et dans les docteurs de l'Eglise tout ce qu'on reproche à l'Eglise d'avoir méconnu : la dignité de l'homme portée plus haut que dans aucune

---

(2) *La loi de croissance dans l'Eglise et dans l'his-toire d'après l'apôtre saint Paul*, par l'abbé CALIPPE, dans les *Annales de philosophie chrétienne*, avril 1909, p. 97.

philosophie humanitaire, l'esprit de large fraternité embrassant le genre humain tout entier « depuis le saint homme Job jusqu'au dernier de ceux que la grâce de Dieu ira chercher dans les forêts ou dans les plages sauvages », enfin la religion de l'humanité souffrante, plus hardiment professée que dans Tolstoï lui-même (1).

Toute une pléiade de jeunes gens s'efforce de faire resplendir aux yeux de la jeunesse ouvrière cet aspect nouveau du catholicisme d'où ont disparu toutes les traces d'étroitesse, de tyrannie intellectuelle ou matérielle, de sujétion passive, d'intolérance haineuse. Ils appellent à eux le travailleur, l'ouvrier, l'apprenti, le petit employé; ils disent, après Michelet : « L'enseignement c'est une amitié »; ils disent, après Lamartine : « Nous voulons faire descendre la lumière partout où nous avons osé instituer la liberté. » Ils disent encore : « Nous sommes catholiques, nous considérons qu'il ne nous est pas permis de refuser

---

(1) Voir l'article : *La Guérison par le Dogme*, par M. Georges Goyau, dans la *Vie catholique* du 2 mars 1900.

à la grande cause démocratique les énergies que la foi du Christ a déposées dans nos âmes, mais nous nous jugerions impies si nous avions la pensée de rabaisser le catholicisme à n'être qu'un parti; nous voyons des frères en tous les hommes, quelle que soit leur race, leur croyance, leur opinion, nous n'avons qu'une arme : la vérité, et qu'une force : l'amour (1). »

C'est un langage analogue qui se parle dans les congrès de la jeunesse catholique, dans les sociétés de patronage, dans de grandes réunions populaires à la Maison du Peuple ou dans de petits comités de propagande locale. C'est même — trait significatif — celui que tiennent dans leur Revue plusieurs Pères de la Compagnie de Jésus : nous savons depuis longtemps que de telles évolutions ne sont pas pour les embarrasser.

Qu'avons-nous à répondre à tous ces appels du néo-catholicisme? Peut-être ne résisterons-nous pas aisément, nous autres protestants, à un premier mouvement de défiance. Nous

---

(1) Extrait de l'affiche intitulée : *Education sociale populaire aux jeunes ouvriers*, voir *le Sillon*, 10 janvier 1900.

sommes trop habitués à voir reparaître, en dépit de toutes les promesses de libéralisme, l'esprit d'autorité avec ses exigences douces et tenaces, pour comprendre comment la discipline ultramontaine serait ainsi devenue, suivant le mot de quelques-uns, « la plus large, la plus libre et la plus humaine des disciplines ». Mais, tâchons de faire abstraction de nos idées préconçues, triomphons de toutes nos préventions, et tâchons de nous mettre dans l'état d'esprit d'un peuple comme la France, dont le catholicisme a fait, presque tout seul depuis des siècles, l'éducation religieuse.

Ce serait une erreur et une injustice de se figurer que la forme nouvelle sous laquelle il se présente n'est qu'un masque habilement choisi. Nous n'avons nul droit de mettre en doute et nous serions coupables de suspecter gratuitement la sincérité des intentions libérales, des convictions religieuses sans arrière-pensée, des tentatives de rapprochement fraternel qui prennent les noms de « démocratie chrétienne » et de « christianisme social ».

Nous appartient-il de prédire qu'elles échoueront ? Connaissons-nous assez dans toute sa profondeur, la nature intime de la religion catholique, pour être assurés qu'elle se refuse à la transformation annoncée ? Est-il bien certain qu'il soit impossible à la grande Eglise, dont le nom signifie universelle, de devenir libérale sans cesser d'être catholique ? Gardons-nous des jugements téméraires. Tout ce que nous pouvons affirmer, c'est que, s'il accentuait l'évolution qu'il semble esquisser, le catholicisme se trouverait, sans beaucoup tarder, une fois de plus aux prises avec l'alternative qui tant de fois, au cours des siècles, s'est présentée à lui : ou bien être une religion, c'est à dire un esprit, ou bien être une grande institution politico-ecclésiastique.

En d'autres termes, il aurait à choisir entre ces deux conceptions de l'Eglise : l'une, purement spirituelle et correspondant bien au langage nouveau qu'on nous tient aujourd'hui, tout inspirée d'esprit chrétien, ne gardant du passé, avec le respect de la tradition, que ce que l'esprit chrétien a marqué de son sceau, s'ouvrant à tous les progrès, encourageant toutes les libertés, sanctifiant la vie humaine et ne l'asservissant pas ; l'autre, la vieille manière de fonder la religion sur la vérité, la vérité sur l'autorité, et l'autorité sur cette double base, la plus solide qui soit : la docilité et la crédulité humaines. Celle-ci permet de constituer et peut-être de faire durer longtemps encore la plus forte et la plus tyrannique des hiérarchies sacerdotales ; l'autre permettrait de donner au monde moderne un incomparable élan de vie et la plus généreuse des impulsions.

De ces deux tendances qui s'excluent, l'une ou l'autre l'emportera.

Si c'est, comme il est toujours arrivé jusqu'ici, le souci de maintenir intact le prestige de son autorité qui reste la préoccupation dominante de Rome, si son idéal reste le même, si elle ne peut se résigner à renoncer à l'autorité absolue qui la condamne à l'infaillibilité, laquelle, à son tour, lui défendant de varier, lui défend de progresser, alors, il en sera des velléités libérales auxquelles nous assistons comme de tant d'autres qui se sont produites au moyen âge, à la Renaissance, au XVIIe siècle et au nôtre : toutes ont péri, toutes se sont éteintes ; peu à peu toutes les voix libres ont dû se taire, étouffées par la seule qui ait droit désormais de se faire entendre du haut de la chaire de Saint-Pierre, et alors aussi, il n'y aurait rien de changé dans les relations entre l'Eglise et la société moderne ; le divorce entre elles ne ferait que s'affirmer plus profond et plus définitif, et nous en resterions où nous en sommes, à la nécessité pour chaque homme et pour chaque peuple de choisir entre le rôle de perpétuel mineur et la franche acceptation de la liberté avec tous ses périls.

Mais, s'il en était autrement ? Si, par hasard, à force de vouloir sincèrement mettre la religion en harmonie avec la société moderne, ce « parti des jeunes » venait à s'imprégner lui-même et à imprégner sa religion de l'esprit de cette société moderne ; s'il leur arrivait de sentir par eux-mêmes ce que c'est que la liberté, ce que c'est que la responsabilité, de se trouver un jour ou l'autre en présence d'un de ces cas où il faut opter entre sa conscience et son directeur, qui sait où pourrait s'arrêter le mouvement ainsi commencé ? Quiconque fait un premier pas dans la voie de la liberté risque fort d'être amené à en faire plusieurs autres : l'Eglise le sait bien, aussi a-t-elle toujours surveillé prudemment les premiers écarts de ses enfants, surtout des meilleurs.

Pour qui croit foncièrement à la vertu des idées vraies, à l'attrait de la beauté morale, à la puissance du bien sur les âmes dignes de s'en éprendre, tout est possible : — possible, que ces petits groupes de jeunes gens qui constituent une élite morale dans notre bourgeoisie catholique en viennent à s'éclairer eux-mêmes, c'est à dire à se laisser éclairer par leur propre activité religieuse ; — possible, que de ce contact entre ouvriers et étudiants catholiques il sorte tout autre chose que l'embrigadement politique rêvé par certains meneurs ; — possible, qu'au lieu de l'isolement où vivent actuellement dans l'Eglise les personnalités capables de quelque réflexion et soucieuses de quelque indépendance, ces nouvelles œuvres, patronages, mutualités, cercles d'étude, associations pour l'action sociale, arrivent, dans quelques années, à constituer çà et là des minorités qui se sentiront des devoirs nouveaux et qui en tireront peut-être de nouvelles audaces, même à l'égard de l'autocratie romaine ; — possible enfin, que dans un clergé issu presque tout entier du peuple, l'esprit démocratique et l'esprit évangélique tout ensemble se réveillent enfin et amènent, au rebours de toutes les prévisions et au mépris de toute logique, de singulières évolutions dans le catholicisme de l'avenir. Peut-être, après tout, Renan n'avait-il pas trop présumé de « l'avenir » — à la condition de donner beaucoup de marge à cet avenir — quand il prévoyait un jour lointain où, dans l'Eglise même, « une foule de réformes, maintenant impraticables, seront devenues praticables » et quand il ajoutait : « L'horizon du catholicisme, maintenant si fermé, pourra s'ouvrir tout à coup et laisser voir des profondeurs inattendues (1). » Le jour où toute une population catholique sera pénétrée des idées et des sentiments que tend à engendrer la vie en pleine démocratie, du besoin de comprendre, du désir de progrès, de la soif de justice, de la recherche incessante du mieux social, ce jour-là, il se

---

(1) *La Réforme intellectuelle et morale.*

peut que cette population ne se détache pas du catholicisme, mais c'est qu'elle aura détaché son catholicisme des traditions surannées et des survivances païennes qui en font le danger.

Quoi qu'il en soit, le catholicisme ne saurait échapper à la loi universelle de l'histoire ; ou il se développera avec l'humanité, ou l'humanité se développera sans lui. Comme toutes les religions antiques, il peut mettre son honneur à durer tel quel, et il restera de lui ce qui reste des religions antiques. Il se peut aussi qu'il se souvienne qu'il a une autre origine qu'elles, qu'il est né de la pensée, de la parole, de la vie et de la mort d'un homme qui, du premier coup, s'est placé au-dessus de toutes les sectes, de toutes les églises et de toutes les nations, et dont la doctrine non seulement supporte, mais appelle et exige le progrès indéfini. Si difficile qu'il soit à une grande institution comme l'Eglise de rebrousser chemin et d'abandonner sa fausse dignité pour revêtir la vraie, il ne nous est pas permis d'interdire à la conscience et à la liberté de faire même ce miracle.

S'il s'accomplit, le conflit aura disparu,

puisque la religion aura renoncé à s'imposer à la science et à la morale, ne prétendant plus qu'à être toujours d'accord avec elles ; jusquelà, le conflit subsiste, et nous ne pouvons qu'écarter la première des solutions qui nous était proposée pour le résoudre.

Avant d'être esclaves d'une foi quelconque, nous sommes et nous voulons être esclaves de la raison et de la conscience, seuls juges souverains en matière de foi.

II

Si la religion ne peut prétendre à faire prévaloir ses dogmes et ses miracles sur les lois de la nature, de la pensée et de la conscience, c'est donc à ces lois que nous allons remonter comme au principe le plus haut que l'esprit humain puisse atteindre, en d'autres termes, c'est la science qui devra dominer et diriger toute l'éducation.

Par science, bien entendu, nous désignons toutes les formes régulières du savoir humain, et ce n'est pas ici le lieu de rechercher quelle part reviendrait aux sciences mathématiques, aux sciences physiques, aux sciences naturelles, aux sciences historiques, aux sciences politiques et morales.

A toutes, un même caractère leur est commun. Qu'est-ce que savoir ? C'est enchaîner des idées dans un ordre tel qu'il soit impossible de les concevoir autrement. La science est une collection infinie de relations nécessaires, elle relie les uns aux autres les phénomènes innombrables en les ramenant à un petit nombre de rapports. Elle crée ainsi les cadres intelligibles de l'univers. Il suffit de quelques catégories données par la nature même de l'esprit humain, temps, espace, causalité, substance, quantité, qualité, etc., pour renouer en un réseau continu et indestructible la masse, la totalité des faits, passés, présents et à venir, organiques et inorganiques, physiques ou psychiques, depuis l'infiniment petit jusqu'à l'infiniment grand.

Le voilà donc, le monde de la science qui est à la fois le monde réel et le monde vrai. Essayons de nous le représenter dans son unité. Ce qui fait cette unité, c'est le déterminisme. Une seule force en dernière analyse gouverne tout, explique tout, crée tout : la nécessité. Le hasard, l'imprévu ou l'imprévisible, l'acte libre, qu'il vienne d'un Dieu ou d'un homme, la puissance d'insérer quoi que ce soit de nouveau dans la trame serrée des causes et des effets, autant d'impossibilités que la science nie, aussi bien *a posteriori* qu'*a priori*.

C'est sans doute un spectacle devant lequel notre esprit s'arrête confondu d'admiration que celui de tant de mondes où pas un atome n'échappe à la loi universelle, où pas une force ne dévie, où l'accident n'existe pas, où tout est ce qu'il doit être, ce qu'il ne peut pas ne pas être. A la vue de tant de simplicité dans l'infini, de tant d'ordre au fond de tous les désordres, l'intelligence ne peut qu'être satisfaite : son rôle à elle, c'est d'associer méthodiquement, logiquement, certainement, les antécédents aux conséquents, de ramener le particulier au général, de s'élever du fait à la loi ; après quoi elle a fini son œuvre. Et pour la science il n'y a plus de question, le problème est épuisé, il n'y a rien d'autre à connaître.

D'où vient donc que là où la science s'arrête

ne s'arrête pas notre curiosité ? Nous voyons bien que la science n'a plus rien à nous dire, et nous continuons de l'interroger. Tous ces mondes qui se meuvent d'après les lois connues ou connaissables, d'où viennent-ils, où vont-ils ? Ces soleils sans nombre qui ne paraissent pas avoir la moindre action les uns sur les autres, séparés qu'ils sont par l'abîme de distances incommensurables, forment-ils en effet des univers totalement étrangers les uns aux autres, ou bien n'y a-t-il qu'un monde, et celui-là, quelle en est l'unité, quelle est la force centrale, unique, qui l'anime ? Quelle est la loi de toutes ces lois ? Est-ce une même cause, une même puissance, une même raison, qui est l'âme de ce corps immense ? Qu'il y ait des lois, nous le comprenons, mais ces lois ne sont autre chose que le régulateur d'une activité : où tend-elle cette activité ? A quelle fin dernière conspire cet immense concert de la vie universelle ? Est-il possible que tout soit réglé, excepté le plan d'ensemble ? Que tout ait sa raison d'être, excepté l'univers ? Que la finalité soit partout, à toutes les pages et à toutes les lignes du livre, et que le livre entier n'ait pas de sens et ne conclue pas ?

A de telles questions, la science ne répond pas. Dire qu'elle s'y dérobe serait singulièrement inexact ; la science est un instrument fait pour un ordre déterminé d'opérations ; lui demander de nous faire connaître l'inconnaissable, de nous faire observer l'inobservable, c'est lui demander de n'être plus la science. Ce n'est pas à ses promesses, ce n'est pas à son office normal, c'est simplement à nos espérances, à nos demandes extra-scientifiques et à nos désirs d'impossible qu'elle fait faillite. Faillite est bien mal dit, car c'est l'acte même de probité par excellence, que celui par lequel la science se refuse à sortir de sa compétence pour caresser nos chimères. Ne serait-ce pas en effet manifestement la chimère suprême et la suprême contradiction des termes que de s'imaginer qu'on va pouvoir appliquer à l'absolu les méthodes du relatif, sortir résolument de l'expérimental et continuer à procéder par expérience ? N'est-ce pas nier la science que de prétendre la faire intervenir — elle qui n'a d'autres moyens de connaître que de relier un fait à un autre — dans un domaine où, par définition, il n'y a plus ni faits ni rapports susceptibles d'être saisis par une perception quelconque ?

Nous comprenons donc sans peine que la science soit hors de cause, qu'elle se récuse ; mais pouvons-nous faire comme elle ? Nous est-il loisible de dire : il n'y a pas de question ? Affirmerons-nous que, parce que la science ne peut rien nous dire sur le but final du monde, le monde n'a pas de but ? Et parce que la science ne peut, sans cesser d'être science, sortir du déterminisme, s'ensuit-il que le déterminisme soit le dernier mot des choses ? Nécessité et finalité s'excluent-elles dans l'infini ?

Il y a, au moins, un point dans l'ample sein de la nature d'où jaillit une force qui, à tort ou à raison, se croit libre, se révolte contre la nécessité, aspire à des fins supérieures à la science. C'est le moi humain. Sans doute, il n'échappe à aucune des lois dont l'ensemble constitue la science, et la prétention seule de s'y soustraire est signe de folie. Mais tout en s'y soumettant, il lui reste cette prétention particulière de distinguer entre le fait et le droit, entre le réel et l'idéal, de se réserver la faculté d'en appeler de ce qui est à ce qui doit être, de poser en principe, par dessus toutes les lois constatées, des lois qu'il veut établir.

Ces aspirations de l'âme humaine peuvent n'avoir aucune valeur scientifique, mais sont-elles antiscientifiques ? De ce qu'elles ne peuvent pas se démontrer par voie historique ou dialectique, peut-on conclure que nous devions les extirper comme une maladie de l'esprit ? Quelques-uns le soutiennent. Conséquents avec eux-mêmes, ils ne permettent pas aux autres de rien concevoir, de rien supposer en dehors du déterminisme et du relativisme scientifiques. Ils mettent, à nier gratuitement ce que d'autres affirment gratuitement, la même passion avec la même intransigeance. L'athéisme, comme toutes les religions, a eu ses fanatiques. « L'anti-théisme » de Proudhon n'était que de l'anticléricalisme porté à la puissance métaphysique. Mais d'autres vont plus loin et se font d'une certaine forme de matérialisme ou de positivisme une nouvelle, étroite et jalouse orthodoxie. On n'est pas dans son bon sens, suivant eux, si l'on ne commence pas par nier l'infini comme un concept creux, le parfait comme un mot absurde en soi, l'idéal comme une illusion d'optique, le monde moral comme l'ombre projetée du monde matériel.

A ces fervents de la science pure nous ne reprochons pas, répétons-le, leur intention de faire de la science le seul et unique instrument de connaissance, car en cela ils ont raison, mais nous ne pouvons nous empêcher de faire, avec le genre humain tout entier, cette réserve que la connaissance n'est pas le tout de la vie, ni certainement de la vie individuelle, ni peut-être de la vie universelle.

Et, comme nous ne pouvons, en tant qu'éducateurs, supprimer rien de ce qui appartient et de ce qui importe à l'âme humaine, il nous est impossible, vous le voyez, d'accepter définitivement la seconde solution qui nous est proposée. Sur la première, elle a bien l'avantage de ne contenir que des données certaines et que des vérités solides, mais elle lui est inférieure en ce que, si elle était adoptée exclusivement, elle supprimerait tout un ordre d'aspirations qui, étant naturelles, sont légitimes.

III

Nous voici donc amenés à examiner la dernière des trois solutions proposées.

Si nous ne pouvons donner l'hégémonie à la religion, parce que ce serait faire abusivement abstraction des lois de la raison et de la conscience ; si nous ne pouvons davantage assigner le rôle souverain à la science, parce que ce serait faire non moins abusivement abstraction de tout ce qui n'est pas de l'ordre de la connaissance proprement dite, il reste à voir si nous ne devrions pas, au moins du point de vue de l'éducation, réserver la prépondérance à la morale.

Sans doute, la science restera incontestablement maîtresse du domaine intellectuel : tout ce qui peut se connaître rentre dans les cadres de la nécessité, qui sont ceux mêmes de l'intelligibilité. Mais, dans cet univers où tout est si fortement enchaîné, surgit un fait, le *Factum* de Kant, qui est précisément l'antithèse du *Fatum*. C'est le fait de l'acte libre qui n'est pas matière à prévision, qui introduit, dans la série des phénomènes, un phénomène sans précédent, qui commence un nouvel ordre de choses, relevant bien entendu des lois de la logique, mais n'en résultant pas.

Du coup, voilà l'univers séparé en deux : il y a, comme dit M. Renouvier, la philosophie de la chose et la philosophie de la conscience.

Cette hardie doctrine vous a été rendue familière, en Suisse, par un penseur dont je suis heureux de saluer la mémoire vénérée : Charles Secrétan. La philosophie de la liberté vient faire la contre-partie de la philosophie de la nature ; aux lois de la science s'ajoutent, dans le même être, les lois de la conscience. Si l'homme a pu dire : « Je pense, donc je suis », il dira de même, et ce sera pour lui le point de départ d'une existence nouvelle : « Je veux, donc je suis ! » En analysant profondément ce mot « je veux » il y trouve au fond : « Je dois ». Il découvre en soi tout ensemble la liberté et la loi morale, *sub lege libertas* ou mieux *in lege libertas*.

Vous connaissez le mot du grand éducateur de Rugby : « Si je devais choisir pour mon fils, disait Thomas Arnold, entre deux ignorances, j'aimerais encore mieux lui laisser ignorer à jamais que la terre tourne autour du soleil, que de le voir complètement ignorant de la poésie et de la loi morale. » C'est là une belle parole d'éducateur, mais, ce n'est pas une solution du problème philosophique.

Plus on admire le kantisme comme système de morale, plus on est obligé de convenir qu'à son tour il laisse dans l'esprit des doutes graves. Je n'essaierai pas de vous résumer tant de pages savantes et lumineuses où M. Fouillée a fait à fond la critique du criticisme, et montré combien il nous est impossible d'y voir l'explication définitive du monde.

Sans entrer dans le détail d'une telle discussion, qui ne saurait trouver place dans les étroites limites d'une séance comme celle-ci, bornons-nous aux deux observations générales et, pour parler comme Kant, aux deux critiques formelles que le kantisme provoque de la part d'hommes qui sont loin de le déprécier.

La première a trait à son principe même, qui lui fait poser, par une sorte de coup d'Etat de la conscience, le monde moral en face de l'autre et comme en antagonisme avec lui.

Quelques raisons excellentes que l'on nous donne pour justifier la coexistence de ces deux mondes, alors même qu'on nous fait voir jusqu'à l'évidence que la nécessité ne peut pas rendre raison de tout, et qu'il nous faut faire sa place à l'acte libre, ce dualisme n'en est pas moins, pour l'esprit, une sorte de conception artificielle qu'il subit, mais qu'il n'accepte pas. L'esprit humain est ainsi fait qu'il se refuse non pas même à admettre, mais à concevoir comme possible qu'il y ait deux mondes parallèles sans rapport l'un avec l'autre, le monde de la liberté morale et le monde du déterminisme; il ne peut pas se défaire de ce postulat exprimé ou sous-entendu : il doit y avoir au-dessus de ces deux domaines un terme supérieur qui les domine et les unifie.

Renoncer purement et simplement à l'aspiration moniste et se résigner à voir se dérouler deux séries distinctes de faits n'aboutissant pas à un principe premier et dernier, c'est pour l'intelligence humaine une sorte de défi à sa propre nature; on se dit tout bas malgré soi : il doit y avoir là quelque erreur.

C'est là l'objection intellectualiste. L'autre,

non moins grave, pourrait s'appeler l'objection religieuse. L'homme a besoin, disait Lacordaire, de croire qu'il travaille à quelque chose d'éternel. Kant lui-même l'a si bien senti qu'il ne s'est pas arrêté dans la métaphysique des mœurs avant d'avoir rétabli plus ou moins légitimement les grandes affirmations qui permettent de donner une portée infinie et une valeur absolue à l'acte moral. Mais ce retour au spiritualisme, au christianisme même, appartient à Kant et ne tient pas au kantisme. Pour être tout à fait conséquent avec ses principes, le moralisme pur doit se suffire. Y parvient-il ?

Sans doute on nous dira, et volontiers nous dirons nous-mêmes : il faut faire le bien pour le bien ou mieux encore obéir au devoir par devoir, sans nous soucier de ce qu'il restera de nous demain. Sans doute, que la personnalité humaine soit immortelle ou qu'elle passe comme le plus éphémère des phénomènes, tant qu'elle est, elle n'a qu'à suivre sa loi, et la perspective même de sa disparition ne l'en affranchirait pas. Mais il n'en est pas moins vrai que cette loi, ce devoir, ce bien n'ont ni le même sens ni la même valeur objective, ni par suite la même autorité sur nous, suivant que le monde a un but ou n'en a pas, suivant qu'une pensée une et suprême le conduit, ou qu'il est livré à un devenir éternel d'où sortira ce qui pourra en sortir, suivant enfin que la raison dernière de tout est dans une volonté sage et clairvoyante ou bien dans l'aveugle force des choses.

Ce n'est pas là une simple question de métaphysique, c'est bien aussi une question de morale et même de morale pratique.

Si, au lieu de me croire tenu de collaborer avec la volonté divine à des desseins dont j'entrevois le sens, je ne dois plus me considérer que comme faisant partie d'un immense univers où par la force de la nature certaines conséquences résulteront, après des millions de siècles, du mouvement des choses et de la vie des êtres, il faut en convenir, l'impératif catégorique perd beaucoup de sa majesté, son aiguillon surtout est singulièrement émoussé. Le remords d'avoir manqué à hâter dans une proportion infinitésimale la marche des résultats cosmiques dans quelque point imperceptible du grand tout, peut-il se comparer avec celui d'avoir failli à un ordre exprès de Dieu parlant à ma personne? Et n'arrivera-t-il pas souvent que ma raison, d'accord avec ma sensibilité, trouvera une disproportion énorme entre le sacrifice qui m'est imposé et le bien hypothétique que le monde en retirera dans un avenir indéfiniment lointain? Si l'individu était une réalité durable, ses moindres actes auraient leur importance : s'il passe, phénomène fugitif, accidentelle combinaison d'un jour, ses œuvres le suivent dans le néant, et il est insensé de leur appliquer la rigueur d'une morale qui suppose l'absolu.

Ainsi envisagé du point de vue de la science ou de celui de la religion, le kantisme nous apparaît comme une sorte de stoïcisme néochrétien qui ne donne d'autre raison de sa raideur sublime que sa raideur elle-même. Avec ses formes scolastiques qui expriment l'héroïsme dans ce qu'il a d'abrupt, il nous fait penser à ces premiers chefs-d'œuvre de l'art primitif, égyptien ou dorien, qui déjà figurent la personne humaine, mais encore figée dans la pose immobile de son moule hiératique, qui déjà expriment la vie, mais encore enfermée et comprimée sous sa lourde robe de pierre d'où seul le génie classique saura un jour la faire jaillir, libre, souple et mouvante. Qui sera le Phidias et le Praxitèle auquel il sera donné d'animer l'immortelle, mais rigide statue qu'est l'homme moral de Kant ?

TROISIÈME CONFÉRENCE

ESQUISSE D'UNE AUTRE SOLUTION

ÉVOLUTION DES « RELIGIONS DU PASSÉ » A « L'IRRÉLIGION DE L'AVENIR »

TROISIÈME CONFÉRENCE

Mesdames, Messieurs,

Nous avons rejeté l'une après l'autre les trois solutions à caractère exclusif ; nous n'avons pu souscrire ni aux affirmations du supra-naturalisme, ni aux négations du positivisme, ni à la double affirmation simultanée et contraire du moralisme.

Aucune de ces trois doctrines ne nous a démontré qu'il lui appartienne de diriger, à elle seule, la pensée et l'action humaine; aucune des trois ne tire de son propre fonds une autorité qui la mette hors de pair à l'égard des autres. Et nous avons dû convenir qu'une éducation uniquement fondée sur un de ces trois principes laisserait à désirer.

Il nous reste à apprécier ce résultat : il n'est pas aussi négatif qu'il peut le sembler d'abord. De ce que l'éducation ne se laisse pas enfermer tout entière dans un seul ordre de facultés, de ce qu'elle résiste à toute tentative qui la réduirait à n'être ou qu'une application de la religion, ou qu'une assimilation de la science, ou qu'une mise en action de l'éthique, il ne s'ensuit pas qu'elle rejette les lumières et les forces qu'elle peut recevoir de ces trois foyers puissants. Mais, pour savoir l'usage qu'elle en fera, la valeur respective qu'elle leur attribuera, il importe, avant d'aller plus loin, de bien déterminer les points acquis, pour ne plus les remettre en question.

I

S'il reste des parties obscures dans le problème, il en est une du moins sur laquelle nous avons maintenant notre opinion faite.

Deux points doivent être considérés comme acquis et désormais à l'abri de tout retour offensif du doute ou de la critique. Le premier, c'est que toutes les fois qu'il s'agira de connaître, notre esprit n'a pas d'autre instrument à employer que la science, avec ses conditions, ses méthodes et ses lois. Le second, que toutes les fois qu'il s'agit de vouloir ou d'agir, c'est à la conscience de nous guider, elle seule ayant qualité et autorité pour le faire. Science et conscience, en d'autres termes, usage de la raison s'appliquant souverainement au domaine théorique et au domaine pratique, à l'intelligence et à l'action, voilà le roc sur lequel est fondée toute éducation libérale. Qu'il n'y ait pas de malentendu : nous n'entendons pas écarter *à priori*, par une fin de non-recevoir, toute prétention de la religion à entrer dans le consortium de cette éducation libérale. Nous disons seulement qu'il n'y a pas de révélation qui ait le droit ni de s'imposer, ni même de s'opposer, ni enfin de se superposer à la révélation naturelle de la raison et de la conscience.

A ceux qui ne se sentent pas en mesure de souscrire à ces deux règles fondamentales, nous n'avons rien de plus à dire (1). Nous respectons leur hésitation, nous ne leur reprochons point ce qui nous semble une erreur de bonne foi, mais il serait complètement inutile de pousser plus loin l'entretien, tant que l'accord n'est pas fait sur ces deux principes.

Pour nous, ils sont la base, ils sont la con-

(1) Voir à l'appendice la note **D**.

dition de toute vie intellectuelle, de toute vie morale. Nous devons donc, quels que puissent être les développements ultérieurs de notre pensée, prendre en quelque sorte vis-à-vis de nous-mêmes le même engagement que prenait Descartes au début de sa grande enquête sur son propre esprit, l'engagement de ne nous point départir de cette double règle, et de ne jamais renoncer, sous aucun prétexte, à ce fil d'Ariane, si loin que nous nous avancions dans les ténèbres du labyrinthe.

Mais s'il en est ainsi, si nous nous tenons fermement à cet engagement où nous mettons notre honneur et notre sécurité, qu'avons-nous de plus à chercher ? N'est-ce pas un congé définitif que nous venons de donner à la religion ? Le câble est tranché ; entre elle et nous, il n'y a plus rien de commun. Et le conflit se termine par l'élimination pure et simple de l'élément religieux.

Il n'y a pas moyen, en effet, d'échapper à cette conséquence, s'il est vrai que la religion en soi, que toute religion se confonde nécessairement avec la négation du droit souverain de la science et de la conscience. Car alors il faudrait choisir, faire acte de foi ou dans la raison, ou dans une prétendue autorité supérieure. Or, il est vrai que toutes les religions professent cette prétention de nous apporter des vérités que notre raison n'avait pas trouvées et ne peut contrôler; toutes nous donnent des solutions supra-naturalistes du problème de l'univers; ces solutions, c'est pour nous un simple devoir de probité intellectuelle de les écarter, comme dénuées de valeur quant à la forme et quant au fond. Mais, toutes ces solutions mises de côté, ne reste-t-il plus rien ? Rien, assurément, comme solution; mais le problème a-t-il disparu ? Toutes les réponses s'évanouissant, font-elles évanouir la question elle-même ? Il se pourrait qu'il en fût ainsi; il y a des questions qui ne sont que des non-sens, et qui restent à jamais insolubles parce qu'il n'y a rien à résoudre. On connaît, dans plusieurs domaines, de ces questions mal posées, vain tourment de l'esprit, vain tour de force du langage, la quadrature du cercle, par exemple, le mouvement perpétuel, et d'autres impossibilités mathématiques, physiques, logiques. La question religieuse serait-elle du même ordre ?

Et l'inanité des solutions tiendrait-elle à l'inanité du problème ? C'est ce qu'il nous faut tâcher de décider. Examinons.

II

Me voilà ici devant vous, je parle et vous m'écoutez ; les sons produits par ma voix arrivent à vos oreilles. N'y a-t-il là qu'une vibration de l'air contenu dans cette salle? Ces bruits, ces mots articulés sont des signes ; signes pour moi et signes pour vous. Qu'est-ce à dire, sinon que, par une convention établie entre nous, certains assemblages de sons traduisent matériellement un phénomène invisible, impalpable, insaisissable à tous les appareils, qui s'est produit en moi et qui se reproduit immédiatement en vous : la pensée. De mon cerveau aux vôtres, il y a eu communication de pensée. La pensée que je viens d'avoir, vous la repensez à votre tour, et aussitôt vous la jugez, vous l'examinez, vous lui donnez ou lui refusez votre adhésion, en la comparant à je ne sais quel patron intérieur que vous supposez faire loi pour moi comme pour vous. Et cet exercice infiniment délicat, c'est celui auquel nous nous livrons familièrement, c'est l'exercice humain par excellence. N'est-ce pas un fait patent, on pourrait dire un fait matériel, que ce fait spirituel ?

D'où nous est venue cette faculté ? Que faisons-nous au juste quand nous tissons ainsi cette trame sans fin des idées que la parole fixe, exprime et lie ? Qui de nous serait en état de répondre ? Qui dirait en quoi consiste cet acte de l'esprit ? Quelqu'un croirait-il l'avoir expliqué en l'appelant une fonction du cerveau ? Fonction du cerveau ou faculté de l'âme, fait psychique ou psychophysique ou de quelque autre nom qu'il vous plaise l'appeler, nous le constatons, nous pourrons en étudier les modes, les formes et le mécanisme, mais en expliquer l'origine et en saisir l'essence, voilà ce qui nous est interdit.

Prenons dans notre vie spirituelle quelque autre trait que ce soit, mettons-nous en face des phénomènes les plus ordinaires, souffrir ou jouir, espérer ou craindre, aimer, vouloir ; scrutons à la lumière de la conscience une de nos émotions profondes, une des actions décisives de notre existence, une des aspirations persistantes de notre cœur, la sympathie qui s'empare de nous en présence d'une belle action ou d'un beau caractère, les élans de l'admiration, de l'enthousiasme, du dévouement, le frisson du sublime : trouverons-nous plus aisément l'explication du mystère? Songeons-nous même à nous demander comment il se produit? Lequel de nous n'a fait, au moins une fois en sa vie, l'expérience qu'à rentrer ainsi au fond de soi, on se trouve face à face avec l'inconnu, on en a, comme dans un éclair, la surprise poignante, et on donne raison à Pascal : « Qui se considèrera de la sorte s'étonnera de soi-même » ?

Mais sortons de nous-mêmes, au contraire, oublions-nous un instant. Voici l'ombre et le silence de la nuit. Seul, libre un moment de mes soucis, je lève la tête et je découvre le spectacle des cieux. Je regarde, et il me semble que je vois, comme si je la voyais pour la première fois, là-bas au fond du noir espace, cette étoile qui scintille. Je regarde encore, comme fasciné par ce phare allumé sur l'autre rive d'un Océan si immense qu'il faudrait à la lumière, qui va vite, plusieurs années pour le traverser. Et ma pensée achève de me faire voir ce que ne voient pas mes yeux. Il est donc vrai : ce simple point igné, c'est, à une distance inexprimable, un soleil, un monde énorme, autour duquel sans doute d'autres mondes tournent. Et quand je suis arrivé à me le représenter, cet univers lointain, je regarde à côté et en voici d'autres, à droite, à gauche, en avant, en arrière, partout des mondes peuplant l'immensité, partout des soleils qui roulent à travers les espaces sans fin, qui brillent et qui brûlent depuis quand et jusques à quand? Des millions, des milliards de mondes comme le nôtre, obéissant à des lois et à des forces qui sont en partie celles que je connais, mais comment n'y en aurait-il pas d'autres? Et, cette fois encore, c'est un autre mot de Pascal qui me monte au cœur : « Qu'est-ce qu'un homme dans l'infini ? »

D'une irrésistible intuition, j'ai senti mon néant; je m'étonnais d'être tout à l'heure, je m'en étonne encore plus maintenant que je me mets à ma place dans un pareil ensemble. Atome, raccourci d'atome, il n'y a pas de mot pour dire ce que je deviens à mes propres yeux quand j'ai eu ainsi la vision du monde.

Et en même temps, à l'instant même où je m'abîme, où je disparais, quantité imperceptible dans l'infinité des êtres et des mondes, tout à coup je m'aperçois que je pense, et que ma pensée va par delà tous les mondes, qu'il y a quelque chose en moi qui est apparenté avec cet infini, quelque chose qui représente dans l'infiniment petit que je suis l'infiniment grand de l'ordre universel, quelque chose qui est sans doute de la même essence que les lois éternelles de l'univers, puisqu'il les comprend. Ce n'est pas moi qui ai fait le monde, ce n'est pas moi qui me suis fait, mais l'esprit qui est en moi se reconnaît dans l'esprit qui est hors de moi. Je ne sais pas quelle est la force qui anime tous ces mondes, ni quelle est la force qui m'anime, moi, mais je sais que celle-ci est une étincelle de celle-là. Quelle que soit l'une et quelle que soit l'autre, il y a communication entre elles.

Avoir cette sensation, si rapide ou si sommaire qu'on la suppose, c'est avoir la sensation religieuse. Je dis sensation, et ce mot n'est peut-être ni si impropre ni même si métaphorique qu'on pourrait le croire, car enfin ce n'est pas d'une abstraction qu'il s'agit, ni d'un système métaphysique, ni d'un rêve plus ou moins esthétique, il s'agit là de la réalité même ; que je sois là, moi, et que le monde soit là, qu'ils existent ces soleils dont la lumière arrive jusqu'à moi, qu'il y ait par conséquent une relation, si lointaine qu'on voudra, entre le grand tout et le petit fragment d'être que je suis, c'est bien de la réalité, cela. C'est bien le sens du réel qui m'étreint à la gorge quand tout à coup je me réveille du rêve ordinaire où l'habitude me berce, pour prendre conscience en un clin d'œil de ce qu'est le monde et de ce que j'y suis.

III

Sans doute, dès que je tente de substituer à cette vive impression du réel senti et non expliqué une explication en règle sous forme de système cosmogonique, métaphysique ou théologique, je recommence à faire ce qu'ont fait toutes les religions : je me raconte, au lieu de l'histoire vraie du monde vrai, un roman ou un conte de fées, car, comme tous mes devanciers, je n'ai à ma disposition, pour l'écrire, que les données de mon imagination ; tout ce que je pourrai faire sera de prendre, après tant d'autres, des images pour des idées, des mots pour des choses, des symboles pour des vérités.

Non, je ne céderai pas à la tentation de renouveler une fois de plus cette œuvre d'illusion qui n'est plus excusable quand on est bien prévenu que c'est une illusion.

Je ne peux plus m'abuser au point de croire encore que la vérité plénière se découvre ainsi par un coup de génie, que, pour l'atteindre d'un bond, il suffise d'avoir la foi, et que la hardiesse des conjectures ou la beauté des constructions métaphysiques en garantisse la solidité. Je sais trop qu'il y faut d'autres méthodes. Et c'est le moment de nous rappeler l'engagement pris de ne plus chercher à connaître autrement que par les voies régulières de la connaissance : une fois pour toutes, nous avons renoncé à la conquête en bloc du vaste champ de l'inconnu pour nous plier à la nécessité d'en prendre lentement possession au prix d'innombrables et laborieuses acquisitions, dont chacune n'ajoute qu'une humble parcelle au domaine toujours extensible du savoir humain.

Je n'ai garde de manquer à cet engagement; mais sera-ce y manquer que de reconnaître qu'à défaut de toute solution, le problème subsiste, problème du monde et problème du moi, aboutissant l'un et l'autre au problème de Dieu ? Et ne serai-je pas fidèle, au contraire, aux méthodes les plus exactes de la science positive, en constatant que la religion, n'eût-elle rien à m'apprendre quant à la solution, pourrait bien avoir pour rôle légitime de me rappeler simplement le problème ?

Non, certes, la religion, surtout quand elle prétend me le révéler miraculeusement, ne m'apprend pas, de science certaine, ne m'apprend même à aucun degré ce qu'est le monde et ce que je suis, d'où il vient et où il va, ni quel est mon rapport avec l'universalité de l'être. Mais elle m'empêche d'oublier que ces questions se posent, elle m'interdit de croire que je suis seul au monde, ce qui serait une erreur, ou de croire que je sais tout, ce qui en serait une autre, ou encore de croire que tout est parfaitement clair, ce qui serait la pire de toutes.

Faire ces réserves au nom de l'inconnu qui nous déborde, nous imposer par moments la vision de l'invisible et comme un premier pressentiment du concert universel des choses, nous obliger de nous ressouvenir qu'au delà de la famille, de la cité, de la patrie, de l'humanité, de la terre, de notre système solaire, il reste le monde tout entier, l'ensemble des mondes, ce n'est certainement pas nous apporter les éléments d'une science positive, mais c'est nous marquer les limites de la nôtre, c'est nous faire accomplir l'acte humain par excellence, le seul, a-t-on pu dire avec raison, qui soit inaccessible à l'animal, car l'animal ne peut sortir du cercle de l'expérience immédiate ni par la sensation, ni par la mémoire, ni par le raisonnement, ni par aucun de ses modes d'activité ; nous en sortons, nous, non pas, certes, assez pour connaître cet au-delà qui par définition est inconnaissable, mais assez pour savoir qu'il est.

Nous ne faisons pas l'expérience de ce qui

dépasse l'expérience, mais nous entrevoyons que l'expérience elle-même suppose quelque chose qui la dépasse. « Dans l'affirmation que toute connaissance est relative, dit Herbert Spencer, est impliquée l'affirmation qu'il existe un non-relatif. »

Nous trouvons en nous certaines idées directrices de toutes les opérations de notre esprit, qui n'ont pas la valeur d'un fait, mais qui sont la condition de tous les faits, qui nous donnent la puissance d'embrasser tout le réel et, par delà le réel, tout l'idéal. Que ces idées de cause, de substance, de fin, de loi, d'unité soient uniquement des régulateurs de la pensée, que si nous essayons de les appliquer au monde entier sous les noms de cause première, de loi de l'univers, d'unité, de cosmos, de Dieu enfin, elles ne correspondent et ne puissent correspondre à aucune réalité expérimentable, peu importe : n'avons-nous pas renoncé une fois pour toutes à faire la science de ce qui est par définition extra-scientifique ? A vrai dire, notre erreur est d'en revenir toujours à vouloir considérer les idées comme des choses. A toute force, nous voulons qu'elles soient, et nous ne prenons pas garde qu'elles peuvent être comme idées sans être comme choses. Le « *chosisme* », comme dit un jeune philosophe, est l'illusion incorrigible de toute notre métaphysique.

Résistons-y, et sans prétendre statuer ce que sont, comme chose en soi, les idées constitutives de notre raison, convenons qu'en tout cas, ce n'est pas en tant que choses que nous pouvons les connaître : elles nous intéressent essentiellement comme lois et comme normes de la pensée.

Une fenêtre ouverte sur l'infini ne nous fait pas posséder l'infini, mais elle nous fait échapper à la prison du fini. L'expérience, qui est la science du fini, n'est pas toute l'intelligence, et l'intelligence n'est pas tout l'homme; et l'homme n'est pas tout l'être. Nous défendre de perdre de vue ces vastes horizons qui enveloppent l'horizon prochain du savoir positif, c'est nous rendre un signalé service. Et c'est celui dont nous sommes redevables à l'idée religieuse. Ce service, elle ne nous le rend jamais mieux que quand elle se borne à poser devant nous la question dans toute son ampleur mystérieuse, en nous la laissant méditer, au lieu de la déformer et de la rétrécir, pour la faire cadrer avec les pauvres dimensions d'une des diverses réponses confessionnelles.

IV

Ainsi commence donc à nous apparaître pour la religion un rôle tout nouveau.

S'il avait fallu opter entre elle et la science, entre elle et la morale, notre choix était fait. Nous n'avons pas le droit de subordonner le certain à l'incertain, l'évidence au clair obscur, la raison à la tradition, notre conscience à celle d'autrui. Plutôt que de condamner l'esprit humain à s'incliner, adulte, devant les idoles qu'il s'est taillées, enfant, nous irions sans hésiter à ce qu'on a fièrement nommé « l'irréligion de l'avenir ». Ce nom ne nous fait pas peur, et nous tenons même à nous bien convaincre que nous l'accepterions sans peine, s'il venait à être démontré que c'est le terme propre et le nom légitime de notre véritable état d'esprit.

On sait avec quelle force de réflexion et avec quel éclat d'éloquence un penseur de génie, qui n'a fait que passer, laissant une trace à jamais lumineuse, J.-M. Guyau, a fait de ces mots « irréligion de l'avenir » le titre et le résumé d'une des études les plus pénétrantes, les plus loyales, les plus profondes qu'ait vu paraître cette fin de siècle. Parlant la langue de son public, de ce public français, que l'Eglise a réussi à persuader qu'en dehors d'elle il n'y a pas de religion, acceptant sans chicaner les jugements plus que sommaires, par lesquels amis et ennemis déclarent que l'essence de la religion c'est le merveilleux antiscientifique, et qu'on la supprime en supprimant le miracle, Guyau a répondu nettement. Il n'a vu qu'un parti à prendre, pour couper court à toute équivoque, c'est de se proclamer irréligieux. Il n'y a peut-être pas d'acte plus religieux que cette proclamation d'irréligion absolue. Elle fait penser à ces athées qui prouvent Dieu par leurs vertus.

Mais, si peu effrayés que nous soyons de l'irréligion de l'avenir, encore faut-il nous demander si le nom convient à la chose. Guyau lui-même dit quelque part : « On peut affirmer que la vraie religion consiste à ne plus avoir de religion étroite et superstitieuse. » Et encore : « L'irréligion, telle que nous l'entendons, peut être considérée comme un degré supérieur de la religion et de la civilisation même (1). »

Il y a là évidemment une équivoque de langage à dissiper et, sous une question de mots, assez indifférente, un parti à prendre entre deux manières d'envisager la religion.

L'une, qui consiste à la déclarer solidaire et inséparable de tout un cortège de croyances et de pratiques irrationnelles sans lesquelles elle ne serait rien; l'autre, qui est celle même que nous venons d'esquisser, la religion entendue comme un besoin éternel de l'âme humaine, besoin qui essaie de se satisfaire à l'aide de conceptions chimériques destinées à crouler les unes sur les autres, mais besoin qui leur survit à toutes, qui les dépasse toutes et que ni la science ni la morale ne nous autorisent à nier.

(1) Guyau. Introduction, page xv.

V

Si nous nous plaçons à ce second point de vue, nous allons trouver dans la religion, à quelque âge, d'ailleurs, à quelque degré que nous la considérions, deux éléments constitutifs ; appelons-les, pour la commodité du langage, l'*âme* et le *corps* de la religion.

Son *corps*, ce qui lui sert d'expression visible, ce qui se traduit en institutions, c'est un ensemble de faits, les uns intellectuels, les autres esthétiques, les autres encore éthiques et pratiques, qui constituent le dogme, les croyances, les mythes, les rites du culte, les cérémonies pieuses, les traditions sacrées, les livres saints, le sacerdoce. Il n'y a pas de religion là où il n'y a pas de culte établi, de doctrines persistantes, de traditions révérées, de mystères accomplis, de croyances transmises. Ce sont là les vêtements, les enveloppes charnelles qui font que la religion est autre chose qu'une vague et fugitive disposition d'esprit, qu'elle devient une force humaine, une puissance sociale, un agent de civilisation. Mais ces formes dans lesquelles s'incorpore la religion, suivons-les, d'un siècle à l'autre, dans n'importe quelle société religieuse. Nous les voyons se transformer profondément, alors même que se fait le plus grand effort pour leur conserver l'apparence de l'immutabilité.

Au point de vue intellectuel ou dogmatique, la même vérité révélée qui a été prise à la lettre dans son sens propre au début, nous la retrouvons, quelques siècles après, transfigurée, allégorisée, spiritualisée. Le dogme d'un siècle est presque toujours le symbole du siècle suivant.

Au point de vue du culte, les traditions aussi durent, mais on en perd le sens, on les interprète, et, d'altération en altération, on en arrive partout à ce résultat commun presque à toutes les religions, que leurs prêtres répètent des pratiques et continuent à célébrer des mystères dont ils ne soupçonnent plus le sens, absolument comme ils continuent à employer dans les cérémonies une langue depuis longtemps morte.

C'est là le corps changeant de la religion. Mais, si la religion a toujours et partout besoin de moyens d'expression, c'est sans doute qu'elle a quelque chose à exprimer, c'est qu'elle cherche des signes qui lui permettent d'atteindre le cœur, l'esprit, les yeux, l'imagination, l'être humain tout entier. Sous un signe, il y a une chose signifiée, et dans ce corps imposant des religions, il faut bien qu'il y ait une *âme*. Quelle est cette âme ?

Nous l'avons déjà dit, l'âme de la religion, ce n'est ni la doctrine, ni le culte, ni le mythe, ni le rite, c'est ce qui les produit et les inspire.

C'est cet élan spontané de l'âme qui entraîne tout ensemble l'intelligence, l'imagination, le cœur, la volonté. L'âme de la religion, c'est ce qu'il y a en elle d'éternel et d'indestructible, ce qui reparaît à tous les degrés de culture, au fond de tous les hommes, identique et permanent sous la variété des dehors.

Représentez-vous le pauvre sauvage primitif portant son offrande au dieu de la tribu, lui sacrifiant ce qu'il a de plus précieux. Evoquez l'image du Grec contemporain de Phidias et de Socrate, s'unissant à tout un peuple en fête pour célébrer dans la lumière du Par-

thénon la grande déesse protectrice d'Athènes.
Voyez l'Israélite dans le temple de Jérusalem,
remplissant minutieusement toutes les prescriptions du code lévitique ou, mieux encore,
dans l'humble synagogue qui lui tient lieu du
temple disparu, déployant le rouleau sacré de
la Thora et épelant pieusement, ligne à ligne,
les paroles dictées par Jahveh. Voyez le Musulman récitant un verset du Coran et se tournant vers la Mecque pour faire ses prières et
ses ablutions. Transportez-vous en plein moyen
âge, et songez à ces milliers d'âmes effrayées de
la brutalité du monde, qui s'en vont chercher
dans l'ombre du cloître la paix, la pureté et le
salut. Entrez de nos jours dans une église de
village, et regardez cette pauvre femme qui
pleure et qui prie en silence, accomplissant la
pénitence prescrite, répétant les formules
saintes et suivant tant bien que mal par la
pensée les mots divins qu'elle balbutie. Ou
bien enfin pénétrez dans le cabinet de travail
où un homme d'études, un savant, un érudit,
un penseur, lit, lui aussi, attentivement, le
même Livre sacré, mais le lit comme un monument d'histoire religieuse, s'efforçant d'y

retrouver la vérité des doctrines, la vérité des textes, la vérité des faits, et convaincu de contribuer par ce travail critique, qui lui vaudra des injures, à l'œuvre sainte de la découverte du vrai et de l'émancipation de l'esprit humain.

Qu'y a-t-il de commun entre tous ces hommes à travers le temps et l'espace, sous toutes les différences profondes qui séparent leurs manifestations religieuses ? Une seule chose : le fait religieux lui-même.

Assurément, leurs manières de satisfaire le besoin religieux s'excluent, mais chez tous il y a un besoin religieux. Par des voies très divergentes, ils tendent tous vers un point qui est à l'infini et qui, sans qu'ils le sachent, est leur objectif commun. Dissemblables en tout le reste, ils se ressemblent en ce que tous ils cherchent Dieu, chacun lui donnant le nom et la forme que son intelligence peut concevoir. Chez eux tous est éveillé un même sens supérieur, le sens du divin.

Que si cette expression « le sens du divin » vous paraît trop vague — justement parce qu'elle ne contient que ce qui se trouve en tous et parce qu'elle refuse d'y mettre le degré de précision que chacun prétend y apporter à son profit par une définition qui exclut celle du voisin — il est facile de déterminer plus exactement de quels éléments se compose le phénomène de l'émotion religieuse.

Si simple ou si complexe, si grossière ou si raffinée, si superficielle ou si profonde qu'elle soit, l'émotion religieuse est un état d'âme *sui generis* dans lequel on peut démêler trois phénomènes concomitants, le plus souvent mêlés jusqu'à ne plus se distinguer :

1° Un *phénomène affectif* ou émotionnel, celui qu'on appelle proprement le sentiment religieux. Ce sentiment ne débute pas sans doute par un mysticisme éthéré ; il ne se traduit longtemps chez l'homme inférieur, comme l'a très bien dit Lucrèce, que par le sentiment de la peur, mais encore faut-il dire que c'est une peur particulière à l'homme, glorieuse infirmité dont il est seul capable, car c'est l'effroi de l'inconnu, c'est une terreur sans motif et qu'il se crée volontairement à lui-même : plus elle est imaginaire, plus elle est un caractère spécifique de l'humanité. Elle s'épure et s'élève et se dématérialise peu à peu jusqu'à devenir le besoin d'adoration, le sentiment de l'infini, l'amour de Dieu.

2° Un *phénomène intellectuel* qui constituera la croyance religieuse : là aussi il faut s'attendre à voir l'homme partir de très bas ; il commence par des affirmations puériles, sans ombre de valeur, sans bon sens et sans suite ; ce ne sont que légendes et fables, contes et mythes, récits fous et folles explications ; peu à peu quelques « vérités » se fixent qui représentent à un moment donné tout l'avoir de l'esprit humain, tout son savoir, ce sont les réponses de la science d'alors aux questions d'alors ; de là naîtra, avec les siècles, toute une dogmatique, toute une science sacrée, donnant satisfaction à ces curiosités anxieuses de l'esprit humain qui vont croissant, car, à mesure qu'il voit plus clair, l'esprit s'aperçoit mieux que l'infini l'enveloppe, que l'inconnu est au fond de tout, et il cherche par un effort héroïque à percer les ténèbres.

3° Un *phénomène volitif* et actif qui finira par constituer la morale religieuse et le culte, mais qui commence bien entendu par les misérables pratiques de la sorcellerie et de la magie primitives ; avec le temps, l'homme apprendra à agir sur son Dieu autrement que par des sortilèges, il s'élèvera à la notion d'un contrat avec ce Dieu, puis à celle de sacrifice, à celle de sacrement et enfin à la notion pure et évangélique de la prière.

Voilà, décomposé en ses trois éléments constitutifs (1), le faisceau psychologique du phénomène religieux : une émotion, une idée, une action, toutes trois tendant à l'inconnu, à l'extra-humain, à l'idéal, à ce que toutes les langues humaines appellent le divin.

C'est cela et cela seul qui est au fond de toutes religions, et c'est cela même qui fait le

(1) Sur cette décomposition, et sur les diverses manières dont elle a été faite, on consultera avec le plus grand profit : d'abord les admirables conférences du professeur C.-P. Tiele, *Elements of the science of religion* (Gifford Lectures, University of Edimburgh, 1898), surtout le 2ᵉ volume (*Ontological part*) ; ensuite le grand article qui est tout un exposé de la question, que M. L. Marillier vient de publier, au mot *Religion*, dans le tome XXII de la *Grande Encyclopédie*. On y verrait ce qui importe pour notre objet, à savoir que sur les termes essentiels de cette analyse, MM. Goblet d'Alviella, Lang, Guyau, Tiele, Sabatier, F.-B. Jevons, etc., se rencontrent sur le terrain indiqué par Schleiermacher, mais en élargissant ses définitions.

trait d'union entre tous les âges de la religion, entre l'homme primitif et celui du xxᵉ siècle. C'est ce qui fait qu'un Leibnitz ou un Spinoza, un Luther ou un Kant sent une parenté véritable entre lui et la pauvre paysanne qui porte un cierge à la madone ou égrène son chapelet en récitant des *Pater*.

VI

Cette distinction entre l'âme et le corps de la religion, en d'autres termes entre son fond essentiel, sans cesse persistant, et ses formes accidentelles, sans cesse changeantes, nous permet d'entrevoir une solution inespérée du conflit qui nous occupe.

Si l'esprit religieux peut et doit être nettement distingué des divers systèmes religieux qui prétendent l'exprimer, si cet esprit n'est pas autre chose qu'un esprit, s'il ne se traduit que par un ensemble d'aspirations, nous poussant toujours vers l'au delà, vers ce que la science n'atteint pas, vers ce que l'expérience ne vérifie pas, vers ce que la pratique ne réalise pas, en quoi serions-nous infidèles à notre méthode en lui conservant son rôle dans la vie humaine ?

Ainsi entendu, c'est à dire dégagé de toutes ses applications partielles et temporaires, l'esprit religieux ne vient pas disputer à la science une partie du domaine de la connaissance, ni disputer à la conscience son autorité en matière de vie pratique, pas plus que disputer à l'art son autorité en matière esthétique. Au contraire, l'esprit religieux, le jour où il arrive enfin à prendre conscience de lui-même, laisse tomber, car les choses mortes tombent toutes seules, les enveloppes séculaires où il était enfermé. Il ne veut plus d'autre corps, aujourd'hui, que le corps vivant et immortel que lui donneront en matière intellectuelle la science, en matière esthétique l'art, en matière éthique la morale.

Morale, art et science, voilà la substance même de la religion de l'avenir. Elle ne peut ni ne veut désormais se nourrir d'autre chose. Au lieu de perpétuer l'erreur enfantine qui lui faisait chercher des clartés surnaturelles pour être plus savante que la science, plus artistique que l'art et plus morale que la morale, la religion de l'avenir saura qu'elle ne vaut, à ces trois points de vue, que ce que la feront valoir l'art, la science et la morale, dont elle sera le nom collectif, à peu près comme le nom de philosophie désigne l'ensemble des études psychiques.

Mais si la religion n'a d'autre substance que celle que lui fournissent les diverses disciplines dont elle recueille les données, que vient-elle y ajouter ? Quelle est sa vertu propre, et à quoi se réduira son rôle dans la vie de l'humanité future ?

Nous répondons par notre comparaison même de tout à l'heure : elle sera l'âme de toutes ces disciplines, son rôle sera celui de l'âme dans un organisme vivant, tout simplement d'entretenir la vie.

Aura-t-elle à corriger, à contredire, à surveiller l'art, la science, la morale ? Non sans doute, mais elle pourra leur rappeler qu'ils doivent être, l'art, toujours en mouvement vers le beau, la science, toujours en mouvement vers le vrai, la morale, toujours en mouvement vers le bien. Et ici nous touchons à l'essence même de la fonction religieuse, qui est d'empêcher l'esprit humain en toutes ses puissances et d'empêcher chacune de ses facultés en particulier de s'arrêter, de s'immobiliser, de se pétrifier. A chacune d'elles elle montre, au delà de son but immédiat, un but infiniment lointain qui défie toute atteinte, mais vers lequel il faut toujours se remettre en route au lieu de s'arrêter à la première étape.

Encore une fois, ce n'est pas un contre-système, ce n'est pas non plus un système supérieur que la religion vient mettre en regard des systèmes scientifiques, éthiques, esthétiques. Elle vient dire et redire que tout système est un ensemble de vérités rigides, et que la vérité complète est mouvement et vie, qu'un système est une expression provisoire et nécessairement inadéquate, au delà de laquelle il faut réserver les droits de la réalité qui déborde tous les systèmes.

En d'autres termes, la religion n'interdit à l'esprit aucun de ses exercices normaux, ni celui de l'intelligence, ni celui de la volonté, ni celui du cœur, mais elle veut que dans chacun d'eux l'esprit poursuive toujours l'infini, et ne se flatte jamais de le posséder. Elle le rappelle ainsi à sa véritable nature et à son véritable idéal. L'acte essentiel de la pensée, est-ce d'avoir trouvé, ou est-ce de chercher? Le propre de l'amour, n'est-ce pas d'aimer, et d'aimer encore, et d'aimer toujours? Et la vie morale, consiste-t-elle à avoir atteint un certain niveau de moralité et à s'y tenir? N'est-ce pas plutôt d'aspirer sans cesse vers un plus haut idéal moral?

La religion ne fait pas autre chose que de nous tenir ainsi sans cesse en haleine. Elle n'est pas une doctrine fermée, elle est elle-même ce qu'elle veut que soient la morale et la science, un effort perpétuel. On peut lui appliquer le mot profond : « Notre nature est dans le mouvement, le repos entier est la mort. » C'est parce que l'esprit religieux est tout action, tout progrès, que la religion vaut plus aujourd'hui qu'hier, et qu'elle vaudra plus demain : son immutabilité consiste non à toujours durer, mais à toujours grandir.

Ne lui reprochez pas son instabilité, c'est celle de l'aiguille aimantée, et c'est ce qui lui permet d'être toujours notre guide.

La grande erreur dont l'esprit religieux peut corriger les religions d'abord, la science et la morale ensuite, c'est l'erreur qui consiste à se représenter le vrai et le bien comme des quantités fixes : il n'y a de fixe que le travail de l'esprit humain qui les poursuit.

Enfants que nous sommes, nous voudrions en avoir fini avec notre tâche, en avoir fini avec la vérité, avec le devoir, avec l'idéal, nous dire une bonne fois : j'y suis, j'y reste.

Mais non. Jamais on n'a fini d'apprendre, jamais de travailler, jamais de s'élever vers l'inaccessible. Jamais même on n'est sûr de ne plus tomber, c'est pourquoi il faut se tenir toujours prêt à se relever.

Notre devoir religieux ne consiste pas à être arrivés au but, mais à y marcher. Peut-être existe-t-il des êtres supérieurs à nous, auxquels il est donné de voir quelque chose des fins dernières du drame universel où nous sommes engagés. A nous cette partie du spectacle se dérobe totalement. Nous en découvrons juste assez pour voir clair devant nous, pour savoir pas à pas où nous devons mettre le pied dans le sentier qui s'éclaire à mesure que nous avançons. Jour après jour, des parties nouvelles de l'immense panorama s'illuminent et nous montrent notre route. Mais c'est tout, et il faut croire que c'est assez. C'est sans doute tout ce dont notre nature est présentement capable. Songeons à l'enfant qui épelle encore péniblement et qui s'irrite qu'on le tienne si longtemps sur la première page, impatient qu'il est de savoir la fin du livre. Nous sommes, plus que nous ne le croyons, pareils à cet enfant-là.

VII

Je sais bien l'objection qui m'attend.

« Esprit tant que vous voudrez, me dit-on, si la religion n'est que cela, elle ne tardera pas à n'être rien. A l'état d'esprit pur, l'esprit ne se conserve pas longtemps. Qu'est-ce qu'un esprit qui ne s'exprime pas par des actes, qui ne s'incarne pas en quelque matière? Si votre comparaison de tout à l'heure avait quelque vraisemblance, c'est que justement vous ne sépariez pas dans la religion l'âme du corps. Vous ne voulez pas d'une religion qui soit un corps sans âme ; nous ne pouvons pas admettre davantage, quand même nous le souhaiterions, qu'elle soit une âme sans corps. Une foi qui n'agirait point, une foi qui n'engendrerait ni croyances, ni culte, ni règles de vie, ni règles d'association, une foi qui se consumerait en une aspiration haletante et muette, craignant de déchoir si elle s'exprime, de se matérialiser si elle se précise, non seulement ce ne serait pas la force que vous supposez capable de pénétrer toutes les activités de l'âme humaine, mais ce ne serait bientôt plus qu'un fantôme, un souvenir, un souffle, *flatus vocis*. »

Rien n'est plus vrai. Aussi n'est-il pas question de réduire la religion à cet état. Ce que nous demandons, ce n'est pas qu'elle n'ait pas de corps, c'est que ce corps ne soit pas un cadavre. C'est qu'elle ne se croie pas obligée de traîner après elle, pendant des siècles : sous le nom de dogmes, des opinions qui furent d'admirables créations de la pensée humaine, il y a deux mille ans ; sous le nom de miracles, des récits qui furent à leur date d'admirables expressions de la réalité historique telle qu'alors on pouvait la comprendre ; sous le nom de sacrements, des pratiques qui furent d'admirables traductions du besoin religieux, substituées à celles des cultes de l'antiquité.

Si nous avons distingué dans la religion deux parties, l'une essentielle et constante, qui est l'esprit religieux, l'autre accessoire et variable, qui est l'expression donnée à cet esprit sous forme d'idées et d'actes, ce n'est pas pour réduire à néant cette seconde partie, c'est au contraire pour lui permettre de se développer comme elle le doit, sans étouffer l'autre : ce n'est pas tuer la lettre que de prendre des précautions pour qu'elle ne tue pas l'esprit. Et pourquoi, et de quel droit demanderions-nous à l'homme de renoncer à chercher le mot de l'énigme universelle, même à titre de rêverie, de conjecture ou d'hypothèse, de ne plus essayer de se faire une explication à sa portée de l'ensemble des choses, ou encore de ne plus se permettre de traduire en symboles, en formes de culte, d'art ou de poésie, en manifestations individuelles ou collectives les croyances qui lui sont chères? De tout cela, nous n'entendons rien retrancher, rien interdire à la religion de l'avenir. Seulement, et c'est par où elle diffèrera de celles du passé, quelque prix qu'elle attache à telle croyance, quelque satisfaite qu'elle soit de telle hypothèse, quelques bons effets qu'elle tire de tel poème ou de tel chant religieux, à aucune de ces expressions de la vie religieuse elle ne prétendra donner le caractère de l'absolu, la portée surnaturelle d'une vérité révélée ou la vertu transcendante d'une opération magique. Elle ne se privera d'aucun des moyens humains qui de tout temps ont servi à faire les religions, mais elle saura et elle dira que ce sont des moyens humains.

En aura-t-elle moins de force et moins de prestige ? Oui, sans doute, si elle s'adressait aux hommes d'autrefois, incapables de voir autre chose que des apparences, avides de merveilleux, et qu'on ne pouvait instruire que par les yeux, frapper que par l'imagination, discipliner que par la peur, moraliser que par ordre et de force. Mais tant de siècles de travail et de civilisation n'ont-ils donc servi de rien à la nature humaine ? Faudra-t-il toujours tout l'appareil des preuves externes pour nous persuader que le bien est bien, pour nous faire sentir ce qu'il y a de divin dans l'Evangile? Ou plutôt n'est-ce pas ce qu'il y a de divin dans l'Evangile, n'est-ce pas le sermon sur la montagne ou le récit de la Passion ou le langage puissant des paraboles qui de tout temps a directement agi sur l'âme humaine, l'a émue, l'a réveillée, lui a fait découvrir Dieu, le vrai Dieu, non par delà les nuages, mais au fond d'elle-même? Tout ce qu'il y a eu de vivant et d'efficace dans les religions du passé, pourquoi ne le retrouverions-nous pas dans la religion de l'avenir? Et tout ce qui ne vit plus, tout ce qui ne nous touche plus, tout ce qui a servi mais ne sert plus, que perdrons-nous en le perdant?

Volontiers ceux qui affectent de douter de la puissance d'une religion qui ne serait que religion pure, se la représentent comme n'ayant pas de contenu, comme réduite à un vague et à un vide désespérant. C'est que nous n'avons pas réussi à leur faire entrer dans l'esprit la notion toute nouvelle de ce qu'elle contiendra. Autrement ils seraient obligés de convenir que ce sera au contraire la religion la plus pleine, la plus chaude et la plus féconde qui ait jamais été, qu'elle se montrera incomparablement plus riche en croyances, plus riche en beautés, plus riche en efficacités morales que ne le fut aucune des religions partielles d'autrefois : son dogme sera fait de toutes les vérités connues, son culte sera fait de tout ce que l'art a trouvé et trouvera de plus beau pour élever l'âme jusqu'à Dieu, sa morale sera faite de tout ce que la conscience humaine connaît et rêve de meilleur, de plus pur, de plus saint.

On feint de croire qu'elle se réduira à un sec et froid rationalisme. Mais la première condition qu'elle exige au contraire, c'est de réaliser ici-bas progressivement, entre nous et par nous-mêmes, le royaume de Dieu, entendez le règne de la justice et de la fraternité. Loin de fermer aucune des sources où l'humanité a puisé, elle les ouvre toutes et ne brise que les barrières factices dont on les avait entourées. Loin de tout ramener à l'intellection, elle est action, elle est amour et vie. Elle encourage tout le déploiement de la pensée, tout l'épanouissement du cœur, toutes les espérances de l'homme et de l'humanité pour tout le présent et pour tout l'avenir.

Il est vrai qu'elle modifie profondément l'idéal qui nous est proposé.

Vraiment catholique et vraiment sociale, la religion future substituera au salut individuel le salut de la société, à la rédemption de quelques-uns la rédemption de tous, au pâle et vague paradis d'outre-tombe le paradis vivant et actif, celui qui sera créé et entretenu sur terre par l'effort de tous, par la justice pour tous et par l'amour entre tous. Avec un pareil programme et dans une telle conception de la nouvelle société religieuse, qui ne le voit, il y a place pour autant de vie intellectuelle, esthétique, morale, sociale, que l'humanité en pourra dépenser.

Qui parle d'arrêter le génie religieux, de frapper de discrédit ses productions futures, de déclarer close l'ère des élucubrations théologiques, des systèmes métaphysiques, des hypothèses et des épopées, des investigations scientifiques et extrascientifiques, des voyages dans l'inconnu et des appels à l'idéal ? Sera-ce paralyser chacun des auteurs de ces travaux, sublimes ou médiocres, que de lui refuser par avance un brevet officiel d'infaillibilité ? Libre à lui de se croire infaillible et de le dire. Libre à nous d'examiner son œuvre de sang-froid.

La religion de l'avenir trouvera sans doute qu'il y a assez de vérité et assez de poésie dans les trésors de l'art et de la science, qui sont à elle, pour n'avoir pas besoin d'en chercher ailleurs par les procédés rudimentaires d'autrefois. Mais toutes les voies restent ouvertes, chacun pensera comme il pourra, chacun s'édifiera à sa manière, chacun priera Dieu en la forme expresse ou en la forme implicite qu'il jugera la meilleure.

En vérité, il n'y aura rien de changé, sinon qu'en ce temps-là chacun saura qu'à côté de lui d'autres font autrement, chacun trouvera cette diversité naturelle et ne comprendra plus qu'il y ait là matière à excommunier ou à damner ses semblables.

QUATRIÈME CONFÉRENCE

UN ESSAI D'APPLICATION A L'EDUCATION PUBLIQUE

EN FRANCE :

L'ŒUVRE RELIGIEUSE D'UN ÉDUCATEUR LAÏQUE.

QUATRIÈME CONFÉRENCE

Mesdames, Messieurs,

Je ne me fais pas d'illusions : le sujet que nous avons entrepris de traiter n'est pas de ceux que l'on peut se flatter de porter en quelques heures au degré de précision et de clarté qui emporte la conviction.

Malgré l'attention si bienveillante dont vous m'avez honoré et dont je ne saurais assez vous remercier, je sens et vous avez senti avec moi combien les idées philosophiques et plus encore les idées religieuses sont difficiles à mettre en formules, surtout quand elles n'ont pas définitivement pris corps dans un système connu de tous, quand elles sont encore à l'état d'indication et d'aspiration venant contrarier un ordre de choses dûment établi. Si encore il s'agissait d'une de ces opinions extrêmes et tranchées qui forcent l'attention, il serait plus aisé, sinon de la faire accepter, du moins de la faire entendre. Mais, vous l'avez vu, notre ambition a été au contraire de ne rien supprimer arbitrairement, de ne rien renier à la légère de ce que le passé nous a légué de respectable, de tenir compte des éléments divers que la foi et la raison, le cœur et l'esprit, la science et le sentiment, la tradition et le libre examen ont mis aux prises sous nos yeux. Le travail est complexe, et long, et délicat. Je n'ai pu vous en faire qu'un bien insuffisant exposé.

Aussi ai-je pensé que vous me permettriez de tenter un autre moyen de me faire comprendre. Ce que j'ai essayé de vous présenter comme une théorie soutenable et comme une fusion possible de la pensée philosophique avec le sentiment religieux, je voudrais vous le montrer sous une autre forme, en vous racontant un essai pratique qui en a été fait en France.

Peut-être verrez-vous là plus clairement les mêmes idées, non plus s'affirmant spéculativement, mais cherchant à se réaliser, et plus faciles à saisir une fois traduites en actes et en institutions pédagogiques.

I

Vous savez tous quel effort nous faisons en France depuis un quart de siècle pour organiser une éducation nationale sur le type qu'avaient tracé déjà les hommes de la première Révolution. Le nom de Jules Ferry suffit à personnifier pour vous cette grande entreprise politique. L'école publique devenue laïque — laïque par les programmes, laïque par le personnel, laïque par l'esprit qui l'anime — tel est le but qu'après de longues années de lutte violente, les lois scolaires de la troisième République nous ont permis d'atteindre. Mais, qu'est-ce que l'école laïque ? Et qu'y a-t-il au fond du principe même de la laïcité ? Je ne sais si l'on s'en est bien rendu compte partout à l'étranger, ni si vous-mêmes, quelque attentifs que vous soyez aux choses de France, vous n'avez pas été enclins à accueillir des interprétations qui simplifiaient un peu trop la question. De bons esprits, mais se bornant à un coup d'œil superficiel, se sont laissés aller à ne voir dans notre révolution scolaire les uns

10

qu'une réaction contre le catholicisme, les autres qu'un triomphe du positivisme. D'autres, qui n'ont pas coutume de regarder de près aux thèses qui servent leurs passions, ont fait une découverte qu'ils ont divulguée avec fracas : sous cette politique scolaire il y avait un habile complot pour protestantiser la France (1).

Tout récemment, le jeune historien que je citais l'autre jour, lauréat de l'Académie pour un livre que plusieurs d'entre vous connaissent certainement, sur *l'Allemagne religieuse,* le premier lieutenant de M. Brunetière, M. G. Goyau, écrivait dans la *Revue des Deux Mondes* et complétait dans un volume plein de faits et de documents, *l'École d'aujourd'hui,* une étude critique où un peu de malignité ne nous fait pas méconnaître beaucoup de sagacité, et dans laquelle il attribue au protestantisme, et particulièrement au protestantisme libéral, « une hégémonie latente,

---

(1) C'est un des thèmes favoris de la *Libre Parole,* c'est le discours ou l'article cent fois répété de M. Georges Thiébaud ; c'est une des « démonstrations » qui remplissent le livre, si l'on peut appeler ainsi un factum aussi gros que vide, de M. Renauld : *Le Péril protestant.*

mais continuelle », sur la nouvelle école laïque (1).

Ce n'est pas le lieu d'examiner ces diverses versions ; je voudrais appeler votre attention sur un chapitre seulement de notre histoire scolaire pendant ces vingt dernières années, parce que ce chapitre vous montrera, directement appliquées à l'éducation, les doctrines que j'ai essayé de vous exposer. Savoir ce qu'elles ont de spécifiquement protestant, ce n'est pas, pour ma part, ce qui m'intéresse le plus. Vous en jugerez d'ailleurs (2).

De toutes les tâches que la France républicaine entreprenait en matière scolaire, la plus neuve, la plus délicate sans contredit, celle où elle avait tout à faire, c'était l'éducation des filles. Les Chambres, entraînées par Paul Bert et Jules Ferry, avaient bien pris une mesure radicale : elles avaient décidé l'établissement dans chaque département d'une école normale d'institutrices, c'est à dire d'une école où seraient formées des institutrices laïques des-

---

(1) GEORGES GOYAU, *l'Ecole d'aujourd'hui*, in-16. Paris, 1899, Perrin.
(2) Voir à l'appendice la note **E**.

tinées à remplacer les religieuses dans les écoles primaires de filles. Grâce au bel élan qui, au lendemain même de nos désastres, réunit un instant tous les partis dans la pensée du relèvement national, on trouva les fonds nécessaires pour construire et ces écoles normales et les milliers d'écoles primaires qui nous manquaient.

Mais il manquait autre chose, qu'il était moins facile de faire sortir de terre. Où trouver un personnel laïque pour former quelques milliers de futures institutrices? Il ne pouvait être question, pour divers motifs bons et mauvais, de demander à notre enseignement supérieur, tel qu'il était constitué alors, de s'en charger. A tort ou à raison, la République était tenue de faire donner par des femmes cet enseignement de la pédagogie féminine. Il fallait donc à la tête de chacune de ces quatre-vingts écoles normales laïques d'institutrices placer une directrice et trois ou quatre maîtresses capables de faire l'éducation professionnelle de quarante, cinquante, soixante « normaliennes », la plupart jeunes paysannes de seize à vingt ans, qui sortiraient de leurs mains au bout de trois ans pour aller exercer comme institutrices laïques, dans des villages qui n'avaient jamais vu d'institutrices ou qui ne soupçonnaient pas qu'il y en eût d'autres que les bonnes sœurs.

Tenter une pareille œuvre et à si bref délai sous le coup de tant de malveillances et au milieu de tant de difficultés, improviser la constitution d'un personnel féminin capable d'un tel effort dans un pays où l'éducation des femmes était jusqu'alors restée exclusivement aux mains de l'Eglise, n'était-ce pas tenter l'impossible ? Jules Ferry l'osa, et c'est peut-être le plus grand acte de foi dans la vitalité de la démocratie française qu'on puisse citer de nos jours de la part d'un homme politique.

Il imagina de fonder une école normale supérieure, une sorte de *pædagogium* où seraient appelées par voie de concours des femmes à la fois assez instruites pour pouvoir en un an ou deux devenir de bonnes éducatrices, assez décidées pour former la première phalange de cette nouvelle armée, assez courageuses pour aller affronter dans les départements tous les préjugés et toutes les calomnies.

Cette école centrale d'où devait rayonner

sur tout le pays l'esprit nouveau de l'éducation féminine, M. Ferry en confia l'organisation à un homme que rien ne lui désignait officiellement pour ces fonctions. C'était un publiciste connu surtout dans le monde religieux et philosophique. Dans sa jeunesse il avait exercé peu de temps les fonctions de pasteur dans le Béarn ; il y avait renoncé en 1859, époque où parut son premier écrit : *Le Christ et la Conscience*, un livre qui avait fait grand bruit dans le monde protestant.

L'auteur, visiblement un esprit d'élite et une âme d'élite, était, tout jeune encore, estimé, aimé, on pouvait déjà dire respecté de tous. Avec quelle stupeur ne lut-on pas les conclusions de son ouvrage, qui précédait de plusieurs années la *Vie de Jésus* de Renan, et qui en dépassait à certains égards les audaces. Il y parlait de Jésus comme de la figure immortelle, en qui s'incarne pour nous la plus pure des morales et la plus pure des religions. Mais, il ne laissait subsister ni la divinité du Christ ni l'inspiration de la Bible, ni aucune trace de surnaturel dogmatique ou historique. « Jésus, disait-il, est précieux à l'humanité, mais il l'est comme Socrate, à un degré plus élevé parce qu'il a apporté au trésor moral de notre race des idées d'une valeur infinie. La parole de Jésus, ajoutait-il, oui, elle est belle, elle est sainte, elle n'est point parfaite, » et il montrait comment elle avait réalisé non pas l'idéal absolu, mais un moment de l'idéal humain qui grandit avec la conscience. Plusieurs de ceux qui m'écoutent ont connu M. Pécaut et se rappellent la place qu'il occupait à l'extrême gauche de la théologie protestante : il était en Suisse quand se fonda l'Union suisse du christianisme libéral, et il prit part à ses premières réunions.

C'est à cet homme bien connu pour ses opinions si avancées que M. Ferry entendait confier la formation du haut personnel de l'enseignement féminin. Il le chargea d'organiser l'école de Fontenay-aux-Roses. Vous vous représentez sans doute la difficulté, la complexité de la tâche. Ces jeunes filles, pour la plupart d'origine populaire, presque toutes catholiques, munies seulement d'une bonne éducation primaire, il s'agissait d'en faire des institutrices d'institutrices, et pour cela non pas seulement des personnes instruites, au courant des meilleures méthodes d'enseignement, à l'esprit ouvert et cultivé, mais surtout des directrices, des inspiratrices, des âmes capables d'éclairer et d'échauffer d'autres âmes. « Ce serait, avait-il écrit, une pauvre *raison* et une bien pauvre *école* que celles qui prétendraient n'enseigner que ce qui se voit, se touche, se démontre mathématiquement, sans s'inquiéter de tout ce que l'humanité, par l'effort continuel de ses sages, de ses voyants, de ses législateurs, a fait surgir de vérité, de noblesse, d'aspirations et de repentirs, en un mot d'idéal du fond de l'âme humaine. Tout cela, quoi qu'on en dise, est de la nature, tout cela est humain, est de la raison. Et en se l'appropriant librement la raison ne fait que s'enrichir de son légitime héritage. Si bien que nos maîtres d'école, en affectant par exemple de négliger les leçons d'Épictète, de Marc-Aurèle, de Socrate, de Jésus, comme un enseignement suranné, méconnaîtraient leurs vrais ancêtres spirituels et l'idéal dont vivent encore aujourd'hui le monde et eux-mêmes. »

Combien plus vraies et plus importantes encore devaient lui paraître ces observations quand il fut question de l'éducation des femmes en particulier! En ce domaine plus que dans tous les autres, M. Pécaut sentit que tout le nerf de l'éducation nouvelle était dans la profondeur et dans la force des convictions personnelles dont l'institutrice serait animée. Il n'hésita pas à penser que la première garantie de développement sérieux qui pût être donnée à l'instruction laïque et républicaine, c'était d'établir inébranlablement dans chacune de ces femmes l'autorité intérieure, disons mieux, la souveraineté de la raison et de la conscience. Pour lui le succès de la révolution tentée par notre pays dépendait de là. Oui ou non, sera-t-il possible de donner aux éducatrices de l'école laïque française « une âme religieuse » en même temps qu'un « esprit affranchi du respect aveugle de la tradition » ? Oui ou non, la directrice de l'école normale républicaine « saura-t-elle rechercher et cultiver ce qui est le fond mystérieux de la nature féminine et sa dignité, saura-t-elle apprendre par son exemple aux jeunes institutrices du peuple à se considérer comme attachées à une œuvre divine où il dépend d'elles de travailler dans le sens de

Dieu lui-même en faisant surgir du sein de l'inconstance et de l'instinct grossier, à l'aide des éléments du savoir, la femme de conscience et de raison, capable de vérité et de justice, non moins que d'amour » (1) ?

Il fut donné à M. Pécaut de diriger pendant plus de quinze ans l'école qu'il avait fondée. Comment il y réalisa le programme que vous venez d'entendre, c'est ce que je voudrais pouvoir vous faire apprécier ; mais là, vous le devinez, il n'y a plus ni définitions ni formules, ni comptes-rendus officiels qui puissent vous éclairer. Il faudrait pouvoir vous faire entrer dans le vif détail de la vie de Fontenay. Au risque ou plutôt avec la certitude d'être extrêmement incomplet et de ne vous donner que des vues fragmentaires de cette œuvre d'ensemble, je vous demande la permission de procéder par voie d'exemple, en vous citant quelques traits au hasard et en vous laissant le soin de les relier.

Il y avait quelques mois à peine que l'école de Fontenay existait quand elle reçut la visite

(1) *L'éducation publique et la vie nationale*, p. 177.

d'un étranger, bon juge en de telles matières, Matthew Arnold. Ce grand écrivain, qui fut en même temps l'héritier du génie pédagogique de son père, s'arrêta quelques jours à Fontenay au cours d'un grand voyage en Europe, dans lequel il étudiait sur place les principaux établissements d'instruction. Il dit dans son rapport : « Je ne crois pas avoir vu sur le continent une aussi bonne institution scolaire, certainement je n'en ai vu aucune aussi intéressante que l'école de Fontenay-aux-Roses. » Il donne quelques détails sur la maison, sur son régime familial, sur le personnel, et il ajoute : « L'âme de la maison est M. Pécaut, un homme d'une soixantaine d'années que j'avais déjà rencontré en France il y a quelque vingt ans. Quand j'entends dire que le gouvernement républicain français est inspiré dans son zèle scolaire par la haine de la religion, je pense à Fontenay et à M. Pécaut. Je pense à l'appui que lui donne si franchement le ministre, et quand je pense à tout cela je rends justice au gouvernement républicain. »

Ici l'éminent critique relate ce qu'il a vu des débuts et des tâtonnements de l'enseignement moral laïque dans nos écoles primaires. Il sent mieux que personne ce qui y manque et il s'explique cette insuffisance, précisément « parce qu'un tel enseignement ne s'improvise pas ». Aussi décrit-il avec un intérêt tout particulier ce qui se fait à Fontenay : « Les élèves de Fontenay, dit-il, sont presque toutes catholiques, elles vont à l'église le dimanche. Mais chaque matin elles reçoivent de M. Pécaut, dans une conférence familière, une leçon qu'on peut bien appeler leçon de pédagogie, mais qui est réellement une forme particulière d'éducation morale et religieuse. M. Pécaut prend occasion de quelques passages lus dans un grand écrivain pédagogique, Locke, Rousseau, Pestalozzi. Le jour où j'assistai à la conférence il s'agissait du livre de l'évêque Dupanloup, *l'Éducation*, dont chaque page soulève des questions brûlantes. Elles furent traitées, comme je viens de le dire, d'une manière profondément morale et religieuse, et qui n'était cependant ni catholique, ni protestante. Non seulement lui-même les traitait ainsi, mais les élèves étaient visiblement exercées à les aborder dans le même esprit; on en pouvait juger, soit par leurs réponses, soit par leur participation à la discussion orale, soit par leurs notes écrites. »

« Si M. Pécaut pouvait être multiplié et placé dans chaque école normale de France, la fondation d'une instruction morale, non pas superficielle, comme elle l'est jusqu'à présent, mais sérieusement et religieusement efficace, serait un fait accompli dans toutes les écoles françaises. Pour le moment, Fontenay est le seul établissement où j'aie été témoin d'un pareil spectacle, mais, ce qui s'y accomplit est de la plus haute valeur. Cet enseignement moral en particulier est unique. »

J'ai tenu à vous citer ce jugement d'un visiteur perspicace. Combien plus vous connaîtriez ces conférences du matin, auxquelles Matthew Arnold fait allusion, si vous pouviez recueillir le témoignage, soit des professeurs et des répétitrices, soit des nombreuses générations d'élèves qui en ont subi l'influence. « C'était, dit une ancienne élève, comme l'office religieux qui ouvrait nos journées. » Peu à peu l'habitude se prit de commencer ou de clore la séance par un de ces beaux chœurs que M. Bourgault-Ducoudray d'abord, Maurice Bouchor ensuite, recueillirent à l'intention de Fontenay et des écoles laïques.

On a retrouvé naguère un vieux cahier où, pendant tout un hiver, M. Pécaut avait noté au crayon les sommaires de ces conférences. M. Darlu, un de ses premiers collaborateurs, en a publié le texte dans la *Revue pédagogique*. Me permettez-vous de vous en lire quelques lignes ? A travers la brièveté de ces notes non rédigées, vous saisirez la méthode :

9 novembre 1886. — *Lecture d'une lettre de Mme de Maintenon sur la jeune fille raisonnable.* — Tableau charmant. La jeune fille raisonnable est gaie, elle se fait toute à tous, elle s'endort contente de sa journée. Ce dernier trait, Port-Royal l'eût condamné. Mme de Maintenon s'occupe de ce que *fera* sa jeune fille plus que de ce qu'elle *sera*. Le sentiment moral n'est pas assez profond.

10 novembre. — *Sur Mme de Maintenon.* — Le mot *raison* est le trait caractéristique de ses leçons : « *Devenez raisonnables et vous serez aimables* », aime-t-elle à dire. La raison était pour elle la sagesse qui s'accommode aux personnes et aux choses. Il y a cependant de plus grandes vertus : le courage de l'âme, l'indignation devant le mal. Mme de Maintenon nous apprend à nous défier de l'exaltation, de la sentimentalité. C'est bien. Mais que notre raison ne nous interdise pas les élans de l'âme. Pouvons-nous aimer Mme de Maintenon, toute « raisonnable » qu'elle soit ? Montesquieu a dit d'elle : « Louis XIV avait l'âme plus grande que l'esprit. Mme de Maintenon travailla à la ra-

baisser jusqu'à ce qu'elle l'eût mise à son point. » Ce jugement est sévère, l'est-il trop ?

20 novembre. — Sur une maxime de Guizot : *Tout ce qui élève les âmes les affranchit.* — Faire des âmes libres, libres des instincts sensuels, de la vanité qui rend si faible, de la coquetterie, de l'opinion, c'est notre but pour toute la vie ; et toutes les leçons peuvent y concourir.

22 novembre (dimanche). — *Conseils sur l'emploi du dimanche. Sur la connaissance de soi.* — Comment se fait-il qu'à la leçon d'hier sur le stoïcisme, vous n'avez point senti tout l'intérêt du sujet ? C'est que votre vie spirituelle est indigente. Sans doute, elle a de la peine à se faire place dans l'encombrement des études. Mais il faut trouver le moyen de vous reprendre, de vous reconnaître, il le faut sous peine que votre âme s'éteigne. La trame de nos désirs, de nos regrets, de nos actes est bonne ou mauvaise, coupable ou innocente, et nous n'y prendrions aucune part ? Cette vie qui est en nous, ne serait pas nôtre ? Faut-il dire : *Cette connaissance de soi est trop austère pour les femmes, elle leur fait perdre leur grâce naïve ?* C'est le langage de ceux qui ne les estiment pas. Ils considèrent la femme comme une fleur charmante ; ils ne veulent pas qu'elle soit un être raisonnable et libre, un être moral.

23 novembre. — *Sur les réflexions que doivent nous inspirer nos lectures.* — Lisez dans *le Temps* les lettres sur les dernières élections. Quand vous verrez que les paysans de l'Ardèche, joyeux de l'échec des candidats républicains, ont brûlé une chèvre pour célébrer les funérailles de la République, vous comprendrez mieux quels sont les devoirs des instituteurs.

17 décembre. — *Étude sur la misère, par le comte d'Haussonville.* — La misère, grand mal, dont il ne faut pas prendre son parti. Les remèdes de la prévoyance sociale (caisses de retraite, sociétés de secours mutuels) ne sont pas suffisants. La charité reste nécessaire. Faisons-lui une place dans notre vie d'école. — Des idées inspirées par la science se répandent, qui tendent à montrer dans les misérables un poids mort qui entrave la marche de la société.

M. d'Haussonville paraît frappé de la force de ces idées, et il en veut à la science. Pour notre part, cherchons à accorder notre idée de la liberté humaine avec les nécessités physiques que constate la science.

18 décembre. *Sur Horace Mann.* — Les dangers de la démocratie sont manifestes aux Etats-Unis comme en France. « Les institutions démocratiques développent des énergies sans précédent, dit Horace Mann, avec le suffrage universel, la presse, les associations, etc. Elles exigent une sagesse, une rectitude d'esprit proportionnelles. » Cela est vrai pour nous. Ce qui nous manque, et qui se rencontre en Amérique, c'est que les classes riches acceptent cordialement la démocratie et s'occupent de l'élever, de la former.

21 décembre. — *Sur une leçon de M. Laffitte, le chef du positivisme, à la salle Gerson.* — L'auditoire était populaire, composé de deux cents personnes environ, qui, le crayon à la main, essayaient de prendre des notes. M. Pierre Laffitte, le disciple et le continuateur d'Auguste Comte, exposait les lois générales, physiques et sociales, sur lesquelles doit reposer l'éducation. La leçon ne brillait pas par la clarté. Pourtant, les auditeurs l'écoutaient dans un recueillement religieux. Le positivisme apporte à ceux qui le reçoivent comme une révélation de la science, des règles de conduite et la paix de l'esprit. Que cela nous choque ou non, il faut nous habituer à cette pensée que des milliers d'hommes vivent d'un autre pain spirituel que nous.

Dans ces entretiens intimes, ce qui frappe et ce qui en fait l'unité, c'est que rien n'y sent l'intention pédagogique, le caractère livresque. C'est en pleine vie que M. Pécaut se place avec ses auditrices, en pleine vie sociale, nationale, familiale, morale surtout. Il rattache ses réflexions à l'événement du jour, aux élections, à un beau discours de Mgr Freppel à la Chambre sur le Tonkin, à la publication d'un pamphlet contre la France par un Allemand : « Ce qui est amer est tonique, écrit-il, aussi est-il bon de lire ce réquisitoire. » Il touche souvent à la vie ménagère et domestique, aux préjugés bourgeois, par exemple dans cette note :

Il y a des maîtresses de maisons qui préfèrent une servante tout à fait illettrée à celles qui savent lire et écrire.

On devine ses protestations. Il se laisse aller à écrire au courant de la plume :

Que l'on songe à la vie de la domestique, reléguée à la cuisine, qui ne partage nullement la vie spirituelle de ses maîtres. Si elle sait lire, elle peut se créer une société, peut-être plus relevée que celle du salon d'où elle est bannie. « Nous ne voulons pas que nos bonnes lisent des romans, » répondront les dames. Eh ! oui, mesdames, elles liront des romans si vous leur en donnez l'exemple. — Il ne suffit pas de savoir lire pour être sauvé : mais c'est par là qu'il faut commencer. Mieux vaut cent fois courir les risques de la pensée que de laisser des créatures humaines vivre en bêtes de somme.

D'autres fois il s'élève aux plus hauts sujets de la philosophie ou de la poésie. Un jour il leur parle de la mort de Socrate : Socrate congédie sa femme ; il le compare avec saint Augustin, disant de sa mère : « Nous n'avions qu'une vie à nous deux. » D'où quelques réflexions sur le rôle de la femme dans la société grecque. Il y oppose le portrait de la femme forte dans la Bible, et à ce sujet il écrit dans son carnet :

> Le sens pratique et l'énergie physique sont des traits fortement marqués dans le type israélite et que nous devons lui emprunter. On parle quelquefois de la femme comme d'une créature vaporeuse. Nos femmes du peuple sont fortes et robustes. Elles ne rêvent pas : elles agissent. Vous qui voulez faire des femmes douces, commencez par les faire fortes. Vous qui voulez des femmes religieuses, songez que la morale est le commencement de la vraie piété. Dans notre idéal de la femme, nous ferons entrer avec la *force*, la *raison* dans son sens le plus large, une raison lumineuse et libre, qui lui convient aussi bien qu'à l'homme: le *sens pratique*, qui lui est peut-être plus nécessaire qu'à lui ; la *bonté affectueuse*, la bonté avec la grâce, qui captive, qui retient, qui apaise ; la *modestie*, c'est à dire la réserve : mais voici le trait qui doit dominer les autres, le *sérieux moral*, une manière sérieuse de comprendre et de pratiquer la vie. Voilà ce que nous voudrions ajouter au type grec.

Et il leur fait lire à l'appui quelques beaux vers de Victor Hugo.

Une autre fois il leur demande de se consulter tout bas et d'éprouver sur elles-mêmes si elles ont déjà fait l'expérience contenue dans ce mot d'Edgar Quinet :

> Ce que j'ai aimé, je l'ai trouvé chaque jour plus aimable. Chaque jour la justice m'a paru plus simple, la liberté plus

belle, la parole plus sacrée, la poésie plus vraie, la vérité plus poétique, la nature plus divine et le divin plus naturel.

N'avais-je pas raison de vous dire que quelques citations suffiraient pour vous faire découvrir l'intensité de vie morale dont l'école de Fontenay a été le foyer ? Pour achever de vous édifier à ce sujet, je pourrais vous renvoyer à deux admirables morceaux du directeur de Fontenay qui expriment son âme tout entière et où son œuvre apparaît dans sa beauté lumineuse. Ce sont ses deux dernières allocutions, l'une à la réunion générale de ses anciennes élèves en 1895, intitulée *l'Esprit de Fontenay*, l'autre son émouvante *Allocution d'adieu*, du 6 août 1896 (1). Mais, laissez-moi encore recourir de préférence à la méthode des emprunts directs et des témoignages pris sur le vif.

De quelques pages non destinées à la publicité et écrites au lendemain de la mort de M. Pécaut par une de ses anciennes élèves,

(1) Ces deux morceaux se trouvent dans *l'Éducation publique et la Vie nationale*, p. 272 et suivantes, Hachette, in-12, 1897.

j'en détache une qui résume l'expérience de toutes les « fontenaisiennes » :

> Les trois années que j'ai passées à Fontenay et la dernière surtout ont été les plus fécondes de ma vie. Elles y ont jeté un rayon de joie et en ont fait la force. Le charme de ces années, c'était sans doute cette fête de l'esprit que nous offrait la parole de tant de maîtres éminents. C'était tout ce monde d'idées qui s'ouvrait pour nous, mais, plus encore que ces joies de l'esprit, ce qui rendait heureux, c'est l'atmosphère morale qu'on respirait à Fontenay, cet air pur et vivifiant, où l'on se sentait le cœur plus large, et où toutes les petitesses disparaissaient pour ne laisser place qu'au joyeux élan vers le bien. C'était surtout d'y avoir connu celui dont l'âme si haute nous forçait à le suivre.
> Si jeune et peu éclairée que l'on fût en arrivant comme élève à Fontenay, on avait néanmoins bientôt le sentiment très fort, quoique confus, d'une grandeur morale jusqu'alors inconnue, et comme d'un monde moral nouveau. Ce fut pour moi, à ces premiers moments, un grand étonnement de sentir que la parole de M. Pécaut, aux conférences du matin, me causait une impression plus religieuse que la prédication religieuse et que le culte lui-même, et que pourtant il ne parlait pas religion. De même, à son approche, on éprouvait un sentiment de respect que l'on n'avait jamais ressenti à ce degré à l'égard de personne, une sorte de vénération, et ce sentiment allait croissant à mesure qu'on le connaissait davantage, à mesure que, se développant soi-même, on était capable de le mieux comprendre, car on le trouvait encore supérieur à tout ce que l'on avait pressenti.
> Quand je cherchai à m'expliquer ce qui donnait à sa parole cette autorité vraiment unique et son charme infini, il me sembla qu'elle était due non seulement à une pensée forte et pénétrante qui en tout allait au fond des choses, au point central, à la vérité, et qui chaque jour se renouvelait dans la méditation recueillie, mais encore et surtout à sa grande élévation et à son harmonie parfaite avec le sentiment intérieur. Ce n'est pas dire assez pourtant, car on

sentait sous cette parole toute une vie qui la dépassait encore ; simple, grave, d'une émotion contenue, elle allait au vif de l'âme, faisait appel à tout ce que l'on avait en soi de meilleur et nous ouvrait un monde inconnu. Et plus tard le souvenir en restait comme un *sursum corda*, comme un incessant appel vers l'idéal de vertu entrevu, pour le mieux connaître et pour le réaliser. Si ce souvenir ne préservait pas toujours des heures de défaillance, du moins il aidait à s'en relever, on avait reçu une impulsion qui devait retentir dans toute la vie.

Sans doute, cette parole, j'étais fort éloignée, pendant ces deux premières années, de l'avoir toujours comprise ; du moins, avec un plus vif sentiment du devoir, il s'en dégagea peu à peu pour moi un double enseignement, celui de la responsabilité personnelle et de la recherche libre et sincère de la vérité. Une des pensées les plus familières de M. Pécaut était « qu'il n'est permis à personne, ni aux individus, ni aux peuples, d'abdiquer entre les mains d'autrui le gouvernement de soi-même ». Est-ce parce que cette vérité m'était nouvelle, mais aucune ne me fit impression plus vive. Elle fut pour moi l'éveil à la vie personnelle de la conscience. Non que du jour au lendemain j'eusse rompu avec le passé, mais j'avais compris que le dernier mot devait rester à ma conscience. Et il ne me fut plus possible de m'endormir sur la parole d'un autre dans une fausse paix. C'est à ma conscience qu'il fallait obéir, c'est avec elle qu'il fallait se mettre d'accord. De ce moment son autorité se substitua à l'autorité extérieure. Je finis aussi par voir clairement qu'une des plus graves erreurs est de considérer comme une vertu et même une vertu à proposer à ceux qui cherchent la perfection dans la « vie religieuse », l'obéissance absolue. Renoncer à sa conscience, sous quelque beau prétexte que ce soit, me paraît aujourd'hui la suprême immoralité.

La crise religieuse à laquelle on fait ici allusion, beaucoup la connurent, toutes n'en sortirent pas de la même façon, mais ce qui leur fut commun c'est qu'elles y apprirent à quel point leur directeur était loin d'être un directeur de conscience. Nul mot, nulle idée ne lui répugnait davantage. Jamais homme ne s'interposa moins entre la conscience d'autrui et la vérité. « Son premier principe, dit M. Sabatier, était de demander à chacun d'être vrai, vrai avec soi. » Mais il faut ajouter que de cette sincérité intellectuelle il faisait naître la liberté intérieure, le vif sentiment de la responsabilité, l'interdiction absolue de se dérober au devoir de penser et de vouloir par soi-même. Ainsi que l'atteste la correspondance de ses élèves devenues professeurs et directrices, c'est le point sur lequel il ne cesse de revenir. Si elles n'avaient dû emporter de Fontenay qu'une seule leçon c'eût été celle-là. « Jamais, dit l'une d'elles, jamais M. Pécaut ne prononçait un jugement à votre place, il semblait qu'en sa présence vous sentiez se révéler à vous-même votre propre conscience, et il vous disait simplement : Ecoutez-la, cherchez, la vérité doit se révéler d'elle-même à l'âme qui la cherche. »

Voulez-vous voir à quel degré pouvait aller chez M. Pécaut ce souci de respecter la conscience d'autrui ? L'ancienne élève dont je vous lisais quelques lignes tout à l'heure avait vu, comme il arrive souvent aux personnes élevées dans un catholicisme étroit, tout l'édifice de ses croyances peu à peu ébranlé. « Avec ma foi aux dogmes de l'Eglise, avec la soumission de l'esprit à l'autorité extérieure, peu à peu s'en étaient allées les autres croyances spiritualistes et jusqu'à ma foi en Dieu. » Il y avait longtemps qu'elle n'était plus à Fontenay.

M. Pécaut ayant, dans une de ses lettres, comme il le faisait souvent, prononcé le nom de Dieu, je ne voulus pas — dit-elle — manquer à la sincérité que je lui devais et, en lui répondant, je lui dis que je ne croyais plus en Dieu. En le lui déclarant, j'avais aussi, je l'avoue, un secret espoir d'être aidée, sachant combien chez lui la croyance était sincère, et réfléchie. Voici quelle fut sa réponse : « Ce que vous m'apprenez n'a rien qui diminue mon estime ni ma confiance. Votre état moral est celui d'un grand nombre. Je ne pense pas que ce soit un état normal ni fécond, mais quand il ne s'y mêle pas de frivolité d'esprit ou de cœur, quand il est sérieux et sincère, je n'en sais pas de plus respectable, et qui m'inspire plus de sympathie. Je souhaite qu'il vous soit donné d'en sortir, puisque votre existence morale, coupée en quelque sorte de sa source profonde, le sentiment de la dépendance intime de Dieu, risque d'être superficielle et indigente ; mais vous en sortirez, je l'espère, à votre heure, par les voies régulières et avouables de la réflexion, de l'expérience morale, de la pratique de la vie, par le besoin de trouver un suprême et fixe objet à nos meilleurs vœux d'*homme*, au besoin de vérité, d'amour, de justice, de consolation. » Il m'engageait, si cela m'était possible, à revenir un an ou quelque temps à Fontenay et me donnait quelques indications de lectures, disant que ni Bossuet, ni Lacordaire, dont je lui avais parlé, ne pouvaient m'aider, « leur point de vue général étant, ajoutait-il, trop opposé au vôtre ». Et il terminait : « Mais ce sont là des conseils bien vides. A vous de les animer et de les vivifier. Ayez bon espoir et ne perdez pas la trace des chemins qui conduisent aux sources profondes de la vie morale. » L'ayant revu quelques mois plus tard, il me parla de la nécessité du recueillement habituel, de la prière, pour entretenir ou retrouver le sentiment religieux.

Les quelques traits que je relève ainsi prendront-ils place quelque jour dans un tableau d'ensemble de l'œuvre et de la vie de ce « grand homme de bien » comme un de nos ministres l'a nommé? Il faut l'espérer. Si un peu plus tard on nous donne à lire une partie au moins de sa correspondance avec ses anciennes élèves devenues ses collaboratrices à Fontenay et dans toute la France, c'est là que s'achèvera d'elle-même l'image que j'essaie d'esquisser. C'est là qu'on pourra dans le détail de tous les jours, dans les conseils scolaires, dans les épanchements de l'intimité, dans les exhortations à celles qui luttent, saisir le sens profond de sa pensée et, comme le dit une d'elles, appliquant un mot du XVIe siècle, « admirer la teneur de cette incorruptible vie ».

Entre tous les caractères qui la distinguent, celui qui frappe le plus, c'est bien cet appel incessant à la conscience comme à la force religieuse antérieure et supérieure à toutes les religions ; c'est cette conviction qu'il n'est pas d'œuvre plus religieuse que celle à laquelle on travaille quand on travaille à se faire une âme droite et à en faire naître de pareilles autour de soi. Quoi de plus touchant que de voir un même homme attacher sans hésitation un prix infini à l'œuvre morale de la plus humble institutrice et savoir en même temps lui rappeler si franchement combien cette œuvre est petite, humble, étroite, et avec quelle modestie il faut s'y enfermer ?

Voici un passage seulement d'une lettre à une de ses plus proches collaboratrices qui, comme beaucoup d'autres, traversait en province des heures de tristesse et de découragement en mesurant la distance entre ce qu'elle voyait autour d'elle et ce qu'elle avait vécu à Fontenay :

J'ai dévoré cette semaine le roman en deux volumes le

plus dramatique, le plus poignant. Hélas ! c'est une histoire cruellement véridique dans son austère précision : *Histoire diplomatique de la guerre franco-allemande,* par Albert Sorel. Après l'avoir lu, on aime doublement son pays, mais on est doublement anxieux sur son avenir, et l'on se demande ce que nous autres, si petits, nous pouvons faire d'effectivement utile pour lui.

Nous pouvons quelque chose, si nous ne rêvons pas de grands desseins et de brusques transformations. Allumer la flamme sacrée dans une seule âme, former un caractère libre et ferme, faire naître une seule de nos filles à la vie de la claire raison, de la droite justice, de la charité, du respect, du courage, c'est beaucoup pour le pays, c'est beaucoup pour nos faibles talents. Et cela est en notre pouvoir si nous savons y mettre le prix.

A une directrice qui ne réagissait pas assez contre le découragement, il écrit :

Si à votre âge vous faiblissez, que sera-ce au mien ? N'aurais-je pas lieu plutôt de faire fond sur vous et sur vos compagnes lorsque je suis tenté de défaillir ?

Allez vous retremper dans le repos, dans la famille, dans de bonnes lectures (Marc-Aurèle), dans la méditation paisible et recueillie, en présence de Dieu. Vous verrez les choses sous un jour plus vrai en reprenant des forces, vous verrez la faveur insigne qui vous a été faite de participer à la plus belle œuvre de l'esprit qui se puisse imaginer, où vous ne pouvez rien accomplir qui vaille sans valoir d'abord vous-même. Osez vivre, osez être vous-même au risque de commettre des erreurs ou des fautes : la pire ne serait-elle pas de ne vivre point et d'éteindre par esprit de mortification votre activité ?

Il y a un mot de saint Paul qui est à retenir, tombant des lèvres de ce rude joûteur : *Soyez toujours joyeux.* Il avait ses raisons de l'être qui ne sont pas en tout les nôtres, mais qui le sont assez pour justifier, pour commander la confiance et le courage.

A une directrice qui, aux prises avec une difficulté grave dans le gouvernement de sa maison, lui demandait conseil, il répondait : « D'abord, ne vous découragez pas. » Et il ajoutait :

« A votre place (ferais-je mieux que vous ? je ne le crois pas), sûrement je me replierais chaque jour sur moi-même, cherchant en moi, dans le recueillement et l'humilité, et dans l'affection pour ces pauvres enfants (des élèves indisciplinées) des ressources nouvelles, des moyens plus pénétrants d'agir sur toutes et sur quelques-unes. Malgré tout il y a en elles quelque chose d'humain que l'on peut toujours évoquer. Allons ! confiance et espoir ; en attendant, ces jeunes filles vous contraignent de valoir plus que vous n'auriez valu sans elles. »

A une autre qui, encore simple professeur, rencontrait bien des obstacles à la large tâche d'éducatrice qu'elle avait rêvée, il écrit :

Vous êtes presque résignée, me dites-vous, à ne vous occuper que de l'enseignement. Restez-en au *presque*, et ne vous y enfermez pas.

Ne renoncez jamais à éveiller chez les nouvelles venues d'autres sentiments que ceux d'écolières destinées à former des écolières. Ne vous ai-je pas dit souvent que ce serait pour chacun de nous une belle récompense de susciter seulement quelques fermes consciences, quelques âmes libérales et généreuses parmi ces jeunes filles ? Empêcher la prescription, faire que le flambeau — celui qui nous a éclairés — ne s'éteigne pas en France, au moins dans le coin du champ qui nous a été départi et que quelques-unes de nos fontenaisiennes le transmettent clair et vif à d'autres, c'est encore n'avoir pas vécu en vain. Tant que vous serez à X., ne vous épargnez pas à aviver avec persévérance la moindre étincelle morale ; quand vous dirigerez une école, vous verrez que le principal soin et la grande difficulté c'est de former un personnel qui librement s'associe à vos vues. J'ai joui largement de ce bonheur : je n'étais pas seul dans l'éducation, pas plus que les professeurs n'étaient seuls dans l'enseignement.

Et il ajoutait dans une autre lettre :

C'est bien le devoir de votre âge d'apporter à l'œuvre commune un esprit de jeunesse, c'est à dire de confiance, de courage, de joie. C'est, vous vous le rappelez, ce que j'attends des filles de Fontenay, qu'elles suppléent par leur bonne humeur et par leur allègre activité aux défaillances de leurs devanciers. Vous nous devez de nous aider à rester jeunes. Je plaindrais ce pays si l'esprit de *résignation*, si le découragement venait à dominer parmi vous, si la génération nouvelle des directrices et des maîtresses des écoles normales, attendant tout de ses premiers guides, renonçait à se renouveler par elle-même. Vous serez au moins quelques-unes à conjurer ce malheur.

Et à une autre encore :

Je vous supplie surtout de ne jamais céder à la pire des tentations, celle de désespérer des autres ou de vous-même. Elle viendra cette tentation, si elle n'est déjà venue, à de certaines heures. Elle emprunte en grande partie sa force à notre ambition excessive, pour ne pas dire à notre orgueil qui nous induit à faire peu de cas des petits résultats et des œuvres obscures. Entretenez toujours l'espérance, la confiance à l'efficacité du bien. Je relisais l'autre jour un charmant mot latin de Saint-Cyran difficile à transporter en français dans sa concision : *Unde ardet, inde lucet.* Là où le cœur brûle, pourrait-on traduire, là brille la lumière. Aimer, c'est la moitié de croire, dit Victor Hugo.

Tel a été l'enseignement de ce nouveau Port-Royal, où l'histoire « signalera la figure de Félix Pécaut comme celle d'un Saint-Cyran laïque, philosophe et républicain ».

On ne saurait mieux résumer son œuvre et sa doctrine que dans les quelques paroles d'un des hommes qui l'ont le mieux connu (1) : « Il pensait avec cette intensité de réflexion qui lui était propre, que la morale avait un fond religieux et devait avoir une âme religieuse... Il pensait que pour se tenir debout et avoir sa pleine vérité, la vie morale a besoin de s'appuyer à quelque chose d'immuable. Il croyait à une parenté et à une destination divine de l'homme. Pour bien faire son devoir au poste qui lui est assigné, le plus humble a besoin de savoir qu'en le faisant il est en concordance avec l'ordre universel et y collabore. Or, cette foi certaine et vive, c'est la religion même. Pécaut, qui avait commencé par transformer sa religion d'enfance en la voulant exclusi-

---

(1) Article de M. Sabatier, dans le *Temps*, du 2 août 1898.

vement moral, transfigurait à la fin sa morale en la faisant profondément religieuse. Cette intime fusion de deux puissances qui, dans notre société, sont si violemment en guerre, faisait son originalité universitaire et sa force intérieure. Il a vécu avec sincérité et il est mort paisible, parce qu'il avait la conscience d'avoir, lui aussi, pour sa part, collaboré à l'ordre universel. »

CONCLUSIONS

CONCLUSIONS

Il nous reste à essayer de conclure.

De la discussion théorique que vous avez bien voulu suivre dans ses longs détours, et puis de l'exemple d'application pratique que je viens de vous retracer sommairement, quelles conclusions pouvons-nous tirer ?

Si l'on entreprenait de les réduire, suivant la méthode d'autrefois, à quelques thèses formelles, ce seraient, je crois, à peu près les suivantes.....

Mais que vais-je faire ?

Au moment de les énoncer, je proteste contre ces formules, car j'en sens par avance le vide, la raideur et l'étroitesse. Qu'il est donc loin de nous, le temps où, sur quelques phrases de ce genre, bien tranchantes et bien dogmatiques, les uns et les autres partaient en guerre, bataillant pour, bataillant contre, sans que le moindre souffle de doute effleurât leur pensée ! Notre pensée à nous n'est plus capable de cette intrépide assurance. Et pour que j'ose vous soumettre des conclusions rédigées en cette forme, il faut que nous ayons résolu de pousser ensemble l'effort de sincérité aussi loin que possible : ce n'est, pour nous tous, qu'une manière de serrer de plus près l'objet de notre étude. Ni vous ni moi ne sommes dupes de l'apparente rigueur des mots, nous ne leur demandons que de nous aider à déterminer une orientation.

Voici donc la mienne.

1

Toute éducation doit être fondée sur les lois de la nature humaine. L'éducation intellectuelle n'est que le développement normal de la raison, l'éducation morale que le développement normal de la conscience. (On envisagerait de même l'éducation esthétique comme le développement normal du sentiment.)

2

Toute prétention de substituer soit à l'autorité de la raison, soit à celle de la conscience, une autorité prétendue supérieure, va à l'encontre des lois de la nature humaine et nous empêche de remplir pleinement notre destination.

3

Mais ni l'éducation intellectuelle, ni l'éducation morale (1) n'est complète et vraiment conforme à notre nature, si l'on supprime le sentiment et l'idée des limites où elles s'enferment, en d'autres termes le sentiment et l'idée que notre science n'épuise pas le réel, que notre conscience n'épuise pas l'idéal. L'éducation intellectuelle intégrale suppose, par delà le fini que la science étudie, l'infini qui lui échappe. L'éducation morale intégrale suppose, au-dessus de la plus haute moralité, un idéal de perfection morale qui la dépasse (2). Ni cet infini n'est accessible à la science, ni cet idéal accessible à l'activité humaine, mais

---

(1) Ni l'éducation esthétique. Je n'insiste pas sur ce troisième terme, qui est en dehors de l'objet de ces conférences.
(2) On en dirait autant pour l'éducation esthétique.

l'un et l'autre servent d'abord à nous marquer le sens dans lequel nous devons marcher, ensuite à nous prémunir contre l'illusion d'avoir atteint le but et fermé le cycle de l'effort soit intellectuel, soit moral (1).

4

C'est l'office propre de la religion d'entretenir en nous ce sentiment et cette idée : 1° sous la forme de conscience de notre imperfection, en particulier conscience du mal moral (2) ; 2° sous la forme d'aspiration vers la perfection, considérée comme notre idéal intellectuel, moral (et esthétique), tant au point de vue individuel qu'au point de vue social.

5

Mais si la religion, cédant à l'illusion des époques primitives, entreprend de transformer cet idéal soit en un objet de connaissance, soit en un objet de possession directe, si elle nous

---

(1) Soit esthétique.
(2) Voir à l'*Appendice* la note **F**.

propose pour l'atteindre des moyens surnaturels soit dans l'ordre intellectuel (dogmes, mystères, livres révélés, sacerdoce infaillible), soit dans l'ordre de l'action (miracles, pratiques magiques ou cultuelles, sacrifices, sacrements, etc.), elle accomplit la même régression que ferait la chimie en redevenant alchimie, ou l'astronomie en redevenant astrologie, et nous sommes obligés de maintenir contre elle la souveraineté de la raison et de la conscience.

6

Entendue comme elle doit l'être et abstraction faite de son évolution historique, la religion n'est pas autre chose que l'aspiration spontanée de l'homme vers le vrai, le bien et le beau. Cette aspiration, après s'être longtemps exprimée sous de nombreuses formes mythologiques et théologiques, d'abord toutes matérielles, puis de plus en plus spiritualisées, s'exprime aujourd'hui par la science, la morale et l'art, qui sont comme le déploiement moderne de la religion et son universelle manifestation. Le sentiment religieux et l'idée re-

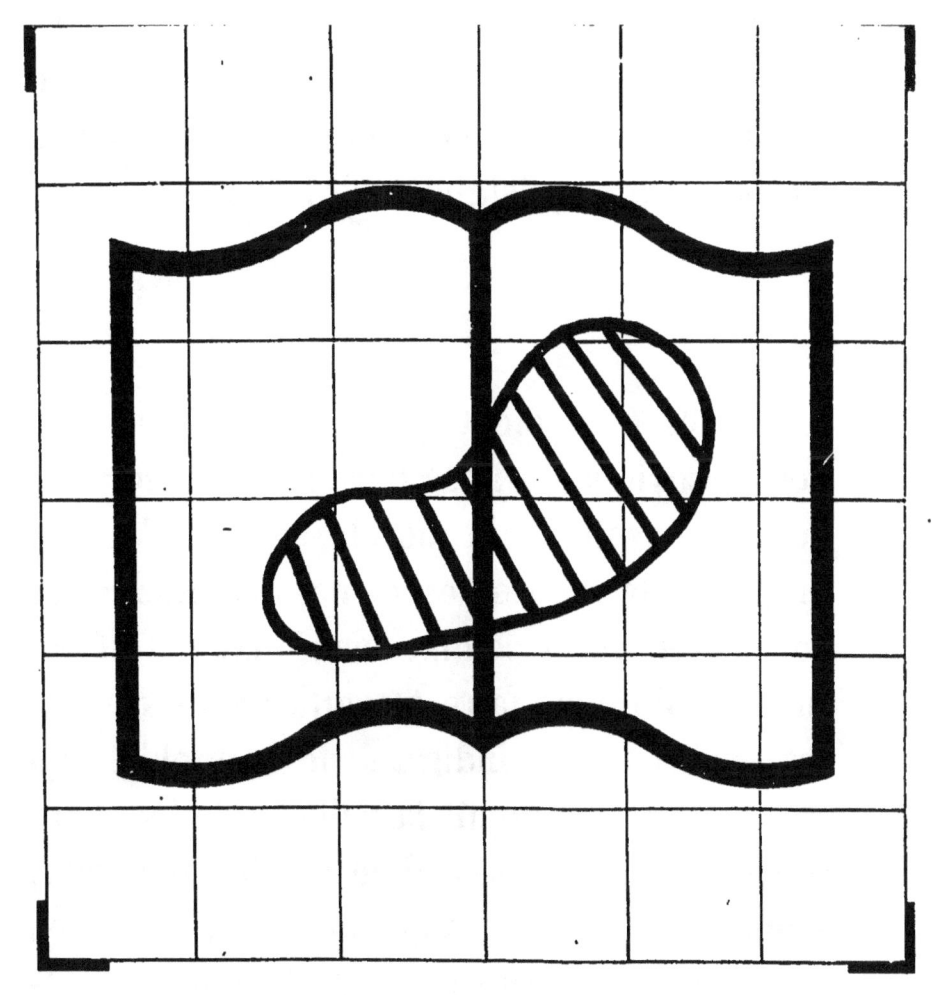

ligieuse ne se distinguent du sentiment et de l'idée du vrai, du bien et du beau, que parce qu'ils nous les font entrevoir non démonstrativement, mais intuitivement, comme n'étant pas trois domaines distincts, mais comme se reliant en une suprême et parfaite unité idéale que la religion désigne sous le nom de Dieu.

7

Quelles que soient les représentations que nous essayions de nous faire de Dieu (soit par la science, soit par la morale, soit par l'art), le propre de la religion est de nous habituer à les considérer toutes comme inadéquates et défectueuses, de nous faire travailler sans cesse à les rendre moins indignes de leur objet. La religion ne méconnaît la valeur relative d'aucune des hypothèses, d'aucun des symboles, d'aucune des doctrines qui ont traduit d'âge en âge l'aspiration religieuse. Mais elle nous pénètre de la conscience de notre relativité et de la relativité de toutes nos œuvres, de toutes nos idées, de toutes nos productions. Elle nous apprend en conséquence à faire consister la science dans l'effort intellectuel, l'éthique dans l'effort moral, la religion elle-même dans l'effort de la conscience religieuse, en d'autres termes dans la somme de l'effort humain pour réaliser progressivement le bien dans la vie intérieure et le bien dans la vie sociale, deux fins directrices aussi nécessaires l'une que l'autre au véritable développement soit de l'individu soit de l'humanité.

Je vous demande pardon, Mesdames et Messieurs, de la forme scolastique de ces propositions. Encore une fois, n'y voyez qu'une tentative pour donner plus de précision à mes paroles, plus de prise à vos critiques.

Mais laissons-là ces définitions artificielles : ce n'est pas de définitions qu'il s'agit entre nous, il s'agit du fond même de nos croyances et de notre vie. Au cours de ces entretiens nous avons cherché à nous rendre compte de la place qu'il faut faire dans notre vie et dans celle de nos enfants à la science et à la morale d'une part, à la religion de l'autre. Sur les deux premières vous avez ma réponse. Rien au-dessus de la science en matière de savoir, rien au-dessus de la conscience en matière de conduite. Reste la dernière question, à laquelle j'essaie de répondre tout aussi nettement, ce qui est difficile, le problème étant beaucoup plus complexe : la religion peut-elle revendiquer, sur un autre domaine, des droits analogues à ceux de la science et de la morale dans leurs domaines respectifs ? Après avoir proclamé la souveraineté de la raison sous ses deux formes, intellectuelle et morale, quelle parcelle de souveraineté pourrions-nous concéder encore à la religion ? Ne faudrait-il pas se résoudre à la supprimer purement et simplement comme une erreur ou, pour parler avec certains libres penseurs, comme une intempérance d'esprit ?

A ces questions, un des chefs du socialisme chez nous répondait, il y a quelque temps : « Je crois, pour ma part, qu'il serait très fâcheux, qu'il serait mortel de comprimer les aspirations religieuses de la conscience humaine. Ce n'est point cela que nous voulons ; nous voulons, au contraire, que tous les hommes puissent s'élever à une conception religieuse de la vie par la science, la raison et la liberté. Je ne crois pas du tout que la vie naturelle et sociale suffise à l'homme. Dès qu'il aura, dans l'ordre social, réalisé la justice, il s'apercevra qu'il lui reste un vide immense à remplir (1). »

Si l'on adhère en principe à cette réponse de Jaurès, on se trouve en présence de deux objections, venant de points opposés.

Les uns disent : Prenez garde, on ne fait pas à la religion sa part. Si vous lui reconnaissez une sorte de légitimité, vous allez vous trouver bien vite entraînés à des concessions graves. Le sentiment religieux ne restera pas longtemps à l'état de sentiment, il voudra s'exprimer et s'affirmer, il se traduira de nouveau en systèmes, en croyances, en institutions, et il viendra revendiquer les droits du surnaturel, restaurer le dogme à côté de la science, la révélation à côté de la raison, si bien qu'en définitive, comme l'a si justement prévu Renan, tout ce que vous aurez cru accorder à une renaissance religieuse idéaliste profitera unique-

---

(1) *L'Action socialiste*, par Jean Jaurès. Librairie Georges Bellais (Société nouvelle de librairie et d'édition), Paris, pp. 160-161.

ment au catholicisme sous sa forme autoritaire et traditionnelle.

Les autres prétendent au contraire que la religion ramenée à cette quintessence de l'esprit religieux n'est plus rien de précis ni d'efficace, et eux aussi ils nous citent un mot fameux de Renan : « A notre insu, c'est aux vieilles formules rebutées que nous devons les restes de notre vertu ; nous vivons d'une ombre, du parfum d'un vase vide. Après nous, on vivra de l'ombre d'une ombre ; je crains par moments que ce ne soit un peu léger (1). »

A ces deux objections nous opposons la même réponse.

Non ! il n'y a pas de danger que ceux qui ont connu la dignité de la pensée libre et de la vie morale personnelle se laissent remettre sous le joug de l'autorité extérieure et de la tradition sacrée. Il n'y a pas de danger que le savant exercé aux méthodes de la science positive, que le philosophe ou l'historien qui a vu se former la pensée humaine à travers les âges,

---

(1) Discours de réception de M. Victor Cherbuliez, 1882.

soit jamais tenté de revenir aux procédés enfantins, aux folles imaginations, aux légendes et aux mythes des âges primitifs, aux affirmations naïves des temps où l'homme, n'ayant ni expérience, ni critique, ne possédant ni instruments, ni documents, improvisait perpétuellement sur la seule foi de son génie.

Le meilleur moyen de mettre un terme à la survivance du matérialisme religieux, c'est précisément de lui opposer l'idée pure de la vraie religion, de la religion proprement dite.

Car enfin, si elle s'est mise en antagonisme avec la raison humaine, c'est un épisode dans son histoire. C'est une extrémité à laquelle elle a été réduite quand la raison s'est émancipée. Mais au début, à son apparition dans l'humanité, il n'y avait pas trace d'un tel divorce : la religion a commencé par être tout ensemble la science, la morale, l'art, elle était l'encyclopédie de l'esprit humain. Et longtemps ce fut sa raison d'être, sa force et sa grandeur de ne faire qu'un avec l'esprit humain, de conserver le dépôt de la civilisation.

A la longue, ce dépôt s'est tellement accru

que la religion s'est trouvée impuissante à en rester seule gardienne ; à côté d'elle se sont constitués à l'état d'indépendance les lois, les arts, les sciences, les institutions politiques et sociales dont le réseau s'est indéfiniment développé. La religion a fini par n'occuper plus qu'une petite portion du domaine que, jadis, elle régissait toute seule ; dès lors elle s'est attachée, avec un soin jaloux, à défendre et à perpétuer un groupe de traditions, celles-là même qui à une certaine heure avaient été tout le trésor de l'humanité. Ces premières conquêtes de l'esprit qui se perdent dans la nuit des origines, elle en est restée la dépositaire, la prêtresse et l'esclave, s'interdisant d'y ajouter, d'y retrancher, d'y modifier quoi que ce soit, considérant tout changement comme impie, fermant les yeux et les oreilles à la marche de la civilisation. Et c'est pour conserver ainsi le legs sacré dans son inaltérable pureté qu'elle s'est retranchée derrière le rempart du surnaturel.

Mais supposez que ce rempart s'écroule définitivement, comme il arrive de nos jours : que va devenir la religion ? Elle va redevenir à la fin de son développement ce qu'elle était au point de départ.

Il n'y a pas de raison pour qu'elle ne reprenne pas son rôle, le rôle même qu'elle avait à l'origine et qui n'a été interrompu que que quand elle est entrée en lutte avec l'esprit humain. Il y aura eu, dans sa longue histoire, une période intermédiaire où elle a eu peur de la liberté et de la raison, où elle a essayé de les étouffer. La liberté et la raison sont sorties victorieuses de la lutte, elles régénèrent tout ici-bas, même la religion. Quand elles l'auront ainsi réconciliée avec la vie, avec le progrès, avec l'homme, quand la religion se sera élevée de nouveau à la dignité de fonction humaine, purement et profondément humaine, elle se retrouvera dans l'avenir ce qu'elle était au début, la puissance excitatrice de toutes les énergies de l'esprit humain, sa force d'impulsion par excellence, l'élan sublime de sa nature, l'acte de foi sans cesse renouvelé, qui le portera toujours plus loin et toujours plus haut.

Comme la religion des premiers âges, la religion moderne ne se séparera plus de l'art, de la morale et de la science, c'est à dire de la recherche sans fin de la vérité, de la beauté et de la bonté idéales. Art, morale et science sont précisément ses organes, les seuls moyens positifs qu'elle ait de se manifester. C'est donc une crainte chimérique que celle de voir une religion née de la raison et de la conscience se retourner contre la conscience et la raison ; c'est supposer que l'adulte redeviendra enfant et que la religion retombera dans la phase d'ignorance d'où elle vient de sortir.

Et par là même, c'est une crainte non moins chimérique que celle de voir la religion ainsi spiritualisée s'évanouir en une vague et vaporeuse sentimentalité. Non, la religion fondée sur la science et sur la morale ne sera pas « l'ombre d'une ombre ». Que lui restera-t-il, dites-vous, quand elle n'aura plus ni dogmes ni miracles ? Il lui restera ce dont les dogmes et les miracles sont la contre-façon, il lui restera tout le domaine de la vérité, dans l'ordre physique et dans l'ordre moral.

Qu'est-ce qu'une religion sans dogmes et sans miracles ? C'est simplement la religion.

Loin d'être « l'ombre d'une ombre », elle

ressaisira la réalité dont elle n'avait que le vain reflet. C'est le surnaturel qui était l'ombre d'une ombre. Rentrer en possession du vrai et du bien, non pas à travers des symboles, mais vus face à face, c'est cesser de se contenter de l'ombre pour étreindre l'objet même.

Ainsi sera reconstituée cette synthèse universelle que nous promet le mot même de religion. Lien en effet de l'homme avec tous ses semblables, avec l'univers, avec Dieu, avec tout le réel et tout l'idéal ; lien non plus imaginaire mais effectif, lien par la pensée, par le cœur, par l'action, par toutes les relations naturelles et normales, depuis celle de l'étude jusqu'à celle de la poésie, depuis celle de la science pure jusqu'à celle du pur dévouement : telle sera la religion de l'avenir.

Ceux qui appréhendent qu'elle ne soit « que l'ombre d'une ombre », veulent peut-être dire qu'elle ne laissera plus de place à des illusions qui leur plaisent. L'esprit religieux est ce qu'il y a de plus redoutable pour les religions qui en manquent.

Il y a toute une révolution morale et, on

peut le dire sans exagération, toute une révolution sociale dans l'avènement de cette forme nouvelle de l'idée religieuse. On comprend qu'elle effraie ceux qui en prévoient les conséquences.

Ramenée à tant de clarté et à tant de simplicité, cette religion sera trop simple et trop claire en effet pour ménager les faux-fuyants dont notre paresse, notre faiblesse ou notre vanité s'accommodent si bien. Confiance dans la vertu de l'orthodoxie, dans la valeur de formules correctes, dans les mérites de l'obéissance aveugle, confiance dans l'autorité du prêtre qui pense pour nous, qui prie pour nous, qui nous juge et nous absout, confiance dans la tradition, dans la lettre du saint livre, dans l'action du sacrement, dans tous les accessoires de la piété ecclésiastique, dans tout ce qui nous dispense de vouloir et de penser par nous-mêmes : voilà ce que la nouvelle religion met en péril.

Démunis de tous ces secours extérieurs, il faudra bien s'apercevoir qu'en religion aussi ce n'est pas le mot qui importe, mais la chose. Et la chose essentielle de la religion, qu'est-ce sinon l'effort — effort de la volonté, effort de l'intelligence, effort de la sensibilité — pour s'élever de la nature animale à la nature humaine et, dans celle-ci même, à ce que Spinoza appelait si justement notre « nature supérieure » ?

Est religieux tout acte qui élève l'homme vers un idéal inaccessible sans doute, mais si beau, si grand, et d'autre part si attrayant et si impérieux qu'il se sent obligé de le poursuivre. Est religieux l'acte du savant qui se donne tout entier à la vérité désintéressée, de l'artiste qui, à travers tous les chefs-d'œuvre, poursuit un idéal de beauté que nulle œuvre humaine n'atteindra ; l'acte du soldat, du médecin, du prêtre, du magistrat qui sacrifie sa vie à un devoir professionnel. Est religieux l'acte le plus humble du plus humble d'entre nous qui, dans l'obscurité de sa vie de tous les jours, réalise volontairement un progrès spirituel, sacrifie quelque chose de ses passions, quelque chose même de ses besoins au besoin de devenir meilleur. C'est la vraie manière de croire en Dieu. Croire en Dieu, ce n'est pas croire que Dieu est, c'est vouloir qu'il soit.

De la nature de Dieu il y a quelque chose au moins qui nous est accessible : c'est le vrai et le bien. Croire au bien, croire au vrai, j'entends y croire assez pour leur sacrifier notre intérêt et nos passions, c'est assurément croire en Dieu. Le pire athéisme ou plutôt le seul véritable, ce n'est pas l'athéisme métaphysique, c'est l'athéisme moral : ce n'est pas celui qui nie dogmatiquement l'*existence* de Dieu, c'est celui qui en nie pratiquement l'*essence*, à savoir la vérité idéale et l'idéale justice. On peut, niant Dieu, croire au bien ; on ne peut, niant le bien, croire à Dieu (1).

(1) Je me plais à citer à l'appui de cette théorie de l'immanence du *divin* ce beau passage d'un des derniers discours prononcés par mon collègue et ami M. G. Séailles, à l'ouverture d'une Université populaire de Paris : « Ne nous y trompons pas, il y a déjà quelque chose de religieux au sens le plus élevé du mot, dans notre exigence de la justice, dans notre prétention de la faire régner ici-bas, dans la confiance avec laquelle nous opposons l'idée au fait, aux contradictions de la nature, aux perpétuels démentis de l'histoire. Tout ce que nous nions, c'est que le règne de l'injustice sur la terre prouve l'existence d'une justice transcendante et réparatrice ; c'est que la sottise de notre petit monde nous assure qu'une intelligence souveraine préside à ses destinées. Et ce que nous affirmons c'est que se résigner au mal dont on ne souffre pas, se complaire dans le privilège, profiter de l'iniquité, voilà le véritable athéisme ; c'est que tout ce que nous laissons par inertie d'absurde,

Quoi qu'il en soit, tous les moralistes l'ont dit, faire le bien et penser le vrai, c'est le premier et le plus sûr moyen de communier avec Dieu. Celui qui s'imaginerait aimer Dieu qu'il ne voit pas, s'il n'aime pas ses frères qu'il voit, il se trompe. Commençons donc par aimer nos frères. « Notre vie est une ; et dans l'unité synthétique de notre vie, l'action est connaissance, et la connaissance est action, et l'une et l'autre sont amour (1). »

Telle nous apparaît la religion de l'avenir, faite de raison et de sentiment, ne supprimant rien de la nature humaine, coordonnant toutes ses richesses, suscitant toutes ses énergies et les lançant joyeusement à la poursuite de l'infini.

La religion de l'avenir? ai-je dit. Oui, sans doute, en ce sens que cette religion n'est ni le catholicisme, ni le protestantisme d'hier ou d'aujourd'hui. Mais sommes-nous bien sûrs qu'elle

---

de mauvais, d'injuste en nous et dans les choses qui dépendent de nous est la pire négation de Dieu. »

(1) LABERTHONNIÈRE, prêtre de l'Oratoire : *Pour le dogmatisme moral*, p. 25.

soit autre chose que la propre religion de Jésus ? Elle pourrait être très loin du christianisme officiel et être tout près de celui qui fut prêché en Galilée il y a dix-neuf siècles. Dans cet Evangile qui tient en quelques traits immortels, il y avait, à n'en pas douter, bien des germes, tous les germes peut-être de cette conception de la religion qui nous paraît nouvelle : ne l'est-elle pas surtout parce que le prophète galiléen a été de trop de siècles en avance sur l'humanité ?

Mais ce n'est pas le moment d'ouvrir ce débat. Que chacun de vous se décide suivant ses lumières. Pour moi, je ne vous demande pas la permission de me dire chrétien à votre manière, je le suis à la mienne. Je me refuserais à souscrire à un *credo* quelconque, fût-il le chef-d'œuvre de la pensée humaine : un *credo* est une promesse que l'homme n'a pas le droit de faire ; l'engagement de ne pas varier équivaut à une impiété, car c'en est une de jurer qu'on n'apprendra plus, pour être sûr de ne plus changer. Mais l'hommage que je refuse à toutes les orthodoxies, je ne le refuse pas à l'homme dont la voix, du fond des siècles, m'appelle à la plénitude de la liberté, m'initie à la plénitude de la vie spirituelle. Sa doctrine et sa vie, qui ne se distinguent pas l'une de l'autre, refont en moi la même révolution qu'elles ont faite dans le monde : elles m'arrachent à l'égoïsme, elles me soulèvent au-dessus de moi-même, elles m'obligent à voir et à entendre tout au fond de moi ce que je n'avais pas su ou pas voulu y découvrir; elles donnent un but et un sens nouveau à la vie humaine ; elles me persuadent enfin de préférer à toutes les formules ces deux images, incomparablement puissantes précisément parce qu'elles ne sont et ne peuvent être que des images : Dieu notre père et les hommes nos frères.

Avec cet homme-là je me trouve en communion par dessus toute l'histoire.

Ne me dites pas qu'entre lui et moi il y a un abîme : croyez-vous que je ne le sente pas ? Mais est-ce une raison pour que, voulant exprimer l'infinie distance qui me sépare du plus grand génie religieux qu'ait produit l'humanité, je me condamne à parler de lui suivant le mode antique, à résumer les sentiments et les pensées qu'il m'inspire dans la forme même où d'autres ont jadis exprimé les leurs, en prenant à la lettre, pour le fixer en dogme, leur cri naïf d'adoration : « C'était un Dieu ! » Je crois l'honorer mieux en répondant : « C'était un homme, qui fut le premier à trouver Dieu en lui, à nous le faire trouver de même en chacun de nous. »

Et, inversement, ne me dites pas non plus : « Il était de son temps et de son pays, il en avait l'éducation rudimentaire, il en parlait la langue assez imparfaite, il en a partagé les ignorances, les erreurs, les illusions. » Et qu'importe ? Ai-je besoin qu'il ait été infaillible et omniscient ? Pour que la beauté de sa pensée morale m'apparaisse et me touche, est-il indispensable qu'il soit un personnage surhumain et surnaturel ? De ce que l'on ne peut raisonnablement lui prêter les attributs d'une personne de la Trinité, sa géniale intuition de la vie de l'esprit en est-elle moins géniale, et le rayon de lumière qui a jailli de sa conscience en éclaire-t-il moins les nôtres ?

Il se peut que, dans le cours des âges, d'autres viennent qui nous mèneront plus loin : de quel droit poser comme limite à l'humanité son point actuel de développement ? Il n'en est pas moins sûr que, jusqu'ici, jamais homme n'a parlé comme cet homme, parce que nul n'a aimé comme il aima.

Quelques paroles immortelles de lui ont apporté au monde un programme qui sera dépassé peut-être, qui certainement ne l'est pas, car il n'est pas même atteint.

Il semble que nous y travaillions depuis dix-huit siècles. Quelle erreur ! De ce laps de temps, plus de la moitié a été employée par l'humanité à se débattre dans la pure barbarie, et le reste à élaborer une ébauche de civilisation. Nous en sommes là.

Il s'en faut que le genre humain puisse dire sérieusement qu'il est las de l'Evangile de Jésus et qu'il veut quelque chose de mieux. Il ne le connaît pas, il n'a pas eu le loisir de l'entendre, ni la force de l'appliquer : le peu qu'il en a recueilli lui est parvenu défiguré à travers la couche épaisse des superstitions accumulées ; et quant à le mettre en œuvre dans la société humaine, c'est à peine si l'on a commencé.

Nous avons tout à faire, oui, presque tout

— vous le savez bien ! — pour organiser sur la terre ce « royaume des cieux » dont le jeune inspiré de Nazareth osa tracer d'une main prophétique les premiers linéaments. Une grande partie de son œuvre est encore si neuve qu'on la pourrait croire inédite. Qui sait si le plus court chemin pour arriver à la religion de l'avenir, ou à l'irréligion de l'avenir (nous avons vu que c'est tout un), ne sera pas de revenir aux sources et de découvrir à nouveau cette chose profondément originale et hardie qui fut la religion ou l'irréligion de Jésus ?

J'ai fini, Mesdames, Messieurs. Je n'ai plus qu'à vous remercier de l'accueil que vous avez bien voulu me faire. Il me prouve qu'en dépit des difficultés de l'entreprise et de l'insuffisance de celui qui la tentait, vous avez compris le but réel de ces conférences. Dans ma pensée, comme dans la vôtre, ce ne devait pas être une œuvre de critique et de polémique, c'était un appel à la réflexion, une provocation à penser.

Quel que soit le résultat de l'examen intérieur que chacun de vous aura fait tout bas à cette occasion, laissez-moi espérer que vous en emporterez au moins une impression finale sur laquelle nous pourrons nous trouver d'accord, celle qu'un des vôtres a si finement exprimée dans une des plus belles pages de son journal : « Ce que les âmes religieuses pardonnent le moins, c'est qu'on diminue leur idéal. Il ne faut jamais mettre contre soi un idéal. Il faut en montrer un autre, plus pur, plus haut, plus spirituel, et dresser, derrière une cime élevée, une cime plus élevée encore. »

APPENDICE

NOTES

EN RÉPONSE AUX DEUX BROCHURES

DE MM. LES PASTEURS

FRANCIS CHAPONNIÈRE ET FRANK THOMAS

Note A.
(Page 26.)

DU MIRACLE OU DU SURNATUREL

— « [Il n'y a pas de surnaturel.] *Par quelle argumentation savante le professeur de Paris a-t-il établi ce principe philosophique? Il n'a pas démontré ce nouveau dogme, il s'est borné à le poser comme un axiome.* » (P. 10 de la brochure de M. Chaponnière.)

M. Chaponnière sera le premier à convenir que, dans le sujet très précis que je traitais, il était impossible de faire entrer la discussion en règle des arguments pour et contre le surnaturel. Je m'étais proposé de parler du conflit de la science avec la religion. La religion admet le surnaturel, la science ne l'admet pas; c'est un fait, ce n'est pas un dogme. La science a-t-elle tort ou raison de ne pas admettre le surnaturel? C'est une autre question. L'ai-je éludée? Non, j'ai dit et redit que la science ne pouvait pas faire autre chose que ce qu'elle fait : elle se borne à constater qu'elle ne constate pas une seule trace de surnaturel dans le vaste champ de son observation.

Sur ce point, suis-je démenti par mes deux honorables contradicteurs ? Non encore. Et rien n'est plus frappant que leur parfait assentiment à mes propres assertions, qu'ils reprennent à leur compte en termes formels.

M. Chaponnière écrit (p. 12) :

« *La science en elle-même ne peut statuer ni l'existence ni la non-existence d'une action surnaturelle de Dieu dans le monde. Pour que ses recherches puissent fonctionner, il faut sans doute qu'elle postule et maintienne toujours, à titre d'hypothèse, l'enchaînement universel des causes et des effets naturels, mais elle n'a jamais affaire qu'aux causes secondes et ne peut rien nous dire de certain sur l'action de la cause première.* »

On ne saurait mieux dire, et je n'ai pas dit autre chose.

Et M. Frank Thomas n'est pas moins explicite (p. 26) :

« *La méthode [de la science] est d'affirmer ce qu'elle peut contrôler, sans aller au delà. Nous ne lui demandons en aucune façon de prouver que le surnaturel existe, nous la supplions de ne pas le nier au nom d'un a priori hypothétique. Le vrai savant dira : « Je ne trouve le surnaturel pas plus au fond » de ma cornue qu'au bout de mon télescope, je ne » puis donc pas le prouver scientifiquement. Mais » je ne me sens pas le droit de le nier, car le nier ce*

» serait dépasser la limite fixée par mes expé-
» riences. »

Encore une excellente formule, variante heureuse des miennes.

Ainsi ni M. Chaponnière, ni M. Thomas ne le contestent : la science ne connaît pas le surnaturel ; elle n'a pas à en parler, ni pour ni contre, attendu que par définition, s'il existait, il ne tomberait pas dans le champ de son expérience.

Quelles déclarations ! Et que nous sommes loin de la vieille notion populaire du miracle ! Jadis on alléguait le nombre imposant des témoins, l'évidence éclatante des faits miraculeux. On nous accorde maintenant sans hésiter que le vrai savant n'en constate aucun. Mais, ajoute-t-on, il n'en nie pas la possibilité dans une sphère supérieure aux atteintes de la science positive. A quoi se réduisent les prétentions du surnaturel ? A une possibilité logique ou métaphysique.

C'est un professeur de Genève qui, au dernier Congrès de philosophie à Paris, résumait spirituellement la situation de la science à l'égard du miracle. « Quelqu'un vous affirme qu'un grand oiseau est venu, a pris la tour Eiffel dans son bec et l'a emportée comme un fétu. Qu'allez-vous faire ? Protester, déclarer que c'est impossible, nier le miracle au nom des lois de la nature ? Non. Rien de pareil. Vous répondrez : allons-y voir. Seulement vous pourrez vous permettre d'ajouter, en regardant l'auteur de la nouvelle : « Monsieur, c'est à vous de faire la preuve. »

C'est exactement ce que dit la science aux supranaturalistes. Elle ne prétend pas que le miracle soit logiquement impossible, elle attend qu'on lui en montre un pour l'examiner scrupuleusement ; elle ne nie rien, elle demande à voir.

Mais les concessions que font au point de vue scientifique les deux auteurs auxquels j'ai l'honneur de répondre vont encore bien plus loin. Et j'avoue que je m'en réjouis, non certes pour le mince plaisir du polémiste, mais parce que c'est l'indice du progrès décisif qu'a fait la raison humaine jusque dans les théories qui croient limiter son empire. Tous les deux, non contents d'avoir ainsi réduit le surnaturel, s'ingénient à en vider le contenu, jusqu'à ce qu'il n'en reste rien.

Voici comment M. Thomas sauve le miracle, gardant le mot et abandonnant la chose :

« *Au reste, quand on parle de surnaturel, il serait bon de s'entendre. Si le surnaturel est le bouleversement des lois certaines de la nature, nous ne l'admettons pas davantage. Si le surnaturel est au contraire le jeu normal de ces mêmes lois, de celles que nous connaissons et d'autres que nous ignorons encore, nous pensons que nul n'a droit de le nier.* » (P. 26.)

Un surnaturel qui est « le jeu normal des lois de la nature » et qui ne paraît surnaturel que parce qu'il applique certaines de ces lois que nous ignorions encore : à la bonne heure ! Voilà un miracle que le plus rationaliste est prêt à accepter. Une éclipse, une comète, un météore, et mille autres prodiges semblables étaient du surnaturel tant qu'on ne connaissait pas les lois de la nature qu'ils mettaient en jeu. Et tant qu'il y aura des lois non encore connues, il y aura du surnaturel.

Décidément, elle se meurt, elle est morte, la foi au surnaturel, quand elle en est là.

M. Chaponnière, lui-même, en termes plus mesurés, va aux mêmes conséquences.

Il n'admet pas qu'on « attribue à l'Être suprême la faculté de rien faire qui contredirait ses perfections divines, qui impliquerait en lui la confession d'une méprise »; il lui laisse seulement celle « d'approprier son œuvre aux circonstances produites par la liberté de ses créatures et notamment de réparer les anomalies causées par leurs révoltes ». Mais il se hâte d'ajouter : « *Cette intervention surnaturelle de Dieu dans le monde physique ou moral contreviendrait-elle aux lois qu'il a lui-même établies ? — En aucune façon. Ces lois ne sont pas plus violées par les actes de la liberté divine qu'elles ne le sont par les actes de la liberté humaine.* »

Et il cite une page de M. H. Bois qui ramène le miracle à n'être pas plus une violation des lois de la nature que l'effort musculaire, par exemple, ne viole la loi de la gravitation en s'opposant à la chute d'un corps. Ne discutons pas la comparaison, acceptons la conclusion qui en ressort : donc le miracle n'est pas un miracle, ce n'est pas la négation des lois de la nature, c'en est une application particulière ; il peut y avoir l'apparence d'une infraction au cours régulier des choses, mais ce n'est qu'une apparence.

Nous sommes d'accord.

Et nous le serions jusqu'au bout, si M. Chaponnière n'essayait de retirer toutes ses concessions dans un très beau mouvement d'éloquence à la fin de ce développement.

« *Quoi, dit-il, on nous dit, d'après M. Pécaut, que le principe de l'univers ne saurait démentir l'instinct moral de l'homme ; on nous déclare ne pas vouloir d'un Dieu qui ne serait pas juste et bon... Et quand on nous a dit tout cela, on vient nous affirmer avec calme qu'au nom de l'unité et de l'harmonie de l'univers nous devons fermer nos oreilles au cri de détresse qui s'élève de la terre vers le ciel et refuser à Dieu la faculté d'intervenir directement dans le monde pour répondre à l'appel de ses créatures et pour rétablir ici-bas, dans la mesure où il le juge à propos, le règne de la vérité, de la justice et du bien!* » (P. 16.)

Noble et généreux élan qui est une nouvelle preuve de ce que j'avançais, à savoir que l'appel au surnaturel est une protestation instinctive de l'âme humaine contre la fatalité et contre le mal. Hélas ! il est trop facile de répondre, et le lecteur, après un premier mouvement d'émotion, s'apercevra bien que ce n'est pas moi qui « refuse à Dieu la faculté d'intervenir ». C'est à mon honorable contradicteur, puisqu'il la lui accorde, cette faculté d'intervenir, de nous montrer où, quand et comment Dieu en a fait usage. C'est à lui de nous montrer, dans le présent ou dans l'histoire, quelques cas authentiques, clairs, indiscutables, de ces « interventions directes pour répondre à l'appel de ses créatures », de ces coups de théâtre divins qui soulagent la conscience, comme il s'en trouve à chaque page dans les *Vies des Saints*. Depuis qu'il y a des hommes sur la terre, ils ne se lassent pas de croire à ces interventions, et c'est par milliers que tous, Hindous et Grecs, Égyptiens et Juifs, Romains et Germains, civilisés et barbares, en racontent des exemples éclatants. Mais de ces milliers de miracles que relatent les légendes sacrées, qu'attestent les *ex voto* de Delphes aussi bien que ceux de Lourdes, de cette immense histoire du divin qui, du Gange au Nil et du Tibre au Rhin, se mêle sans cesse à la trame de l'histoire humaine, qui s'est inscrite tour à tour sur les stèles des Pharaons, sur les murs de Babylone, dans Hérodote ou dans Thucydide, dans la pierre des cathédrales et dans les missels du moyen âge, et qui continue de se dérouler de nos jours dans les petites feuilles de Saint-Joseph et de

Saint-Antoine de Padoue, en est-il un seul que l'histoire ait retenu, un seul auquel la critique ait reconnu, je ne dis pas un caractère d'évidence et de certitude scientifique, mais seulement un degré de vraisemblance et de probabilité qui permette d'hésiter, un simple commencement de présomption en faveur de sa réalité ?

Si M. Chaponnière en connaît des exemples, il les citera. C'est à lui de faire la preuve.

On trouvera, complètement et méthodiquement développée, la théorie du surnaturel à laquelle je me réfère, dans le troisième chapitre de l'*Esquisse d'une philosophie de la religion*. M. Sabatier, en concluant cet historique de la notion de miracle, semble répondre par avance aux deux théologiens dont je viens de transcrire les solutions. Il fait remarquer que tous les efforts de la théologie moderne pour rendre le miracle moins choquant et plus plausible vont au rebours du but qu'ils poursuivent.

« Expliquer le miracle, c'est le détruire. — Ce qui, pour les contemporains des Tarquin à Rome, de Josué ou d'Ezéchias en Palestine, et pour tout le peuple de l'antiquité comme pour le peuple de nos jours, fait que des événements sont miraculeux, c'est qu'ils sont uniquement amenés contre le cours naturel des choses par l'intervention d'une volonté divine particulière. C'est là proprement la marque et le caractère du miracle antique. Dès qu'on l'efface, pour une raison ou pour une autre, le miracle disparaît..... Jusqu'à la fin du moyen âge, la possibilité du miracle allait de soi. De nos jours, la théologie supranaturaliste s'épuise à la démontrer; elle n'y réussit que par des moyens qui annulent le miracle lui-même. On n'a rien gagné à prouver que le miracle est possible, si l'on n'en montre pas de réels. Or, tous les modernes avocats du miracle tendent à une fin contraire. » Et M. Sabatier le prouve, précisément en citant deux ou trois exemples des raisonnements mêmes que nous venons de transcrire.

Le lecteur nous permettra de lui recommander la ferme et religieuse conclusion du doyen de la Faculté de théologie de Paris : « La vérité, c'est qu'à l'heure présente, la régularité grandiose et souveraine des lois de la nature et de l'harmonie de l'univers a pénétré tous les esprits, que notre piété dans ses heures de lumière ne se révolte pas contre ces lois, mais nous fait considérer comme essentiellement religieux l'acte de les contempler, de les célébrer et de nous y soumettre. Ceux qui prennent une attitude contraire deviennent rares, et, quand ils ouvrent la bouche, ne font entendre que des arguments contradictoires. La théorie scolastique du miracle est morte dans l'esprit des théologiens qui voudraient encore la retenir. »

Note B.
(Page 34.)

LA RELIGION GRADUELLEMENT RÉFORMÉE PAR LA MORALE

C'est une loi de l'histoire des religions que toute religion qui dure, ne dure qu'à la condition de se perfectionner moralement. Les seules grandes religions modernes de notre race — judaïsme, islamisme, christianisme, bouddhisme — sont toutes des religions *éthiques*, toutes des « religions réformées » : sur le fonds antique de la religiosité païenne et matérialiste, elles ont appliqué progressivement, d'une manière plus ou moins complète, toutes les règles essentielles de la morale, et elles en ont ainsi transformé de fond en comble les données primitives. L'histoire de la religion est l'histoire du progrès de la conscience humaine. L'homme en se moralisant a moralisé ses dieux. Proudhon disait brutalement : « Admirez ce qui se passe. A mesure que notre conscience se développe, nous ne manquons pas de doter aussitôt notre Dieu d'une quantité correspondante. »

De cette épuration de la religion par la morale j'ai essayé d'abord de donner, sans pouvoir y insister, quelques exemples applicables à l'antiquité païenne ou juive.

M. Chaponnière répond (p. 24) :

« *Dans les cas de ce genre, l'évolution signalée n'a pas été en général une victoire de la morale indépendante sur la morale religieuse, mais bien le triomphe d'une morale religieuse plus élevée sur une morale religieuse inférieure.* »

Et il cite à bon droit les prophètes d'Israël et Jésus comme n'ayant pas parlé « au nom de la raison ni de la conscience naturelle », mais au nom « d'une révélation plus haute du Dieu vivant ou d'une inspiration plus profonde du Saint-Esprit ».

Ai-je jamais prétendu le contraire? Ai-je voulu faire parler à Esaïe, à Jean-Baptiste ou à Jésus le langage des philosophes du xviiie siècle ou du positivisme contemporain? Et si j'ai employé le mot de « morale indépendante » dans l'anecdote typique que je rappelais d'après M. Marillier, chacun n'a-t-il pas compris cet anachronisme volontaire? Il arrive à tout le monde de donner de la sorte, par un mot pris à la langue courante, plus de piquant à un contraste, plus de relief à un rapprochement de faits ou d'idées à travers les siècles.

Mais laissons les mots et voyons de plus près le problème. Il se pose à la fois pour l'antiquité — c'est un problème d'histoire — et pour notre propre expérience — c'est un problème de psychologie.

Dans l'antiquité profane ou sacrée, MM. Chaponnière et Thomas ne font pas de difficulté à reconnaître les progrès de la conscience humaine dont la religion reçoit l'heureux contre-coup.

Que contestent-ils donc ? Je ne le vois pas très bien. Nient-ils le caractère naturel, normal et humain de ces progrès moraux et religieux ? On pourrait le croire d'après ces mots de M. Chaponnière : « Révélation plus haute..., inspiration plus profonde... »

Mais ces mots sont un peu vagues. Comment faut-il les entendre ?

Il y a changement, progression dans la révélation : on nous l'accorde.

Qu'est-ce donc qui a changé, qui est-ce qui a progressé ? Est-ce l'homme, ou est-ce Dieu ? Quand on parle de « révélation progressive », que veut-on dire, sinon que d'âge en âge l'homme a mieux compris, mieux vu, mieux senti la vérité morale et religieuse ? Ce n'est pas elle sans doute qui, objectivement, est devenue autre, c'est l'âme humaine qui est devenue capable d'en percevoir ou d'en entrevoir une partie plus étendue. Or, c'est tout ce que j'ai entendu rappeler.

Il ne faut pas que l'élasticité des termes nous abuse. Il n'y a qu'une révélation, la révélation naturelle qui se fait au sein de l'humanité par des

consciences humaines. Et il n'y en a pas d'autre.
Dites, après cela, qu'il reste à expliquer ce fait lui-
même, cette illumination graduelle des consciences,
l'existence même de ces consciences, l'évolution de
la vie spirituelle dans la race humaine, c'est à dire
le problème tout entier de la destinée humaine, de
l'origine et de la fin des choses. Dites surtout que
rien ne prouve que ce développement du monde à
travers les milliers de siècles n'ait pas d'autre loi
et d'autre raison d'être qu'une force aveugle et fa-
tale, qu'il nous est parfaitement loisible de supposer une pensée suprême, une raison universelle,
un immense plan invisible qui nous échappe,
bref, un esprit ou plutôt l'esprit créant et dirigeant
tout. Mais c'est là l'arrière-fond métaphysique de la
question, nous le laissons intact. Nous ne traitons
de cette question que le côté historique : l'histoire
des religions, disons-nous, ce n'est pas une suite de
miracles apportant chacun au monde, à quelques
siècles de distance, un code, une bible, une révélation surnaturelle de plus, encore que les hommes
se soient le plus souvent représenté les choses
ainsi ; c'est l'histoire des changements successifs
qui se sont accomplis dans l'esprit humain, d'une
part sous la pression du progrès matériel de la
civilisation et, de l'autre, sous l'impulsion des
idées morales nouvelles dont quelques individua-
lités puissantes ont réussi à le doter. « Quand
Dieu voulut donner le Décalogue à Israël, il ne

l'écrivit pas du bout de son doigt sur des tables de pierre, mais il suscita Moïse, et de la conscience de Moïse, le Décalogue est sorti... De même pour l'Evangile : il ne l'a pas laissé tomber du ciel, il ne l'a pas envoyé par l'intermédiaire d'un ange : il a fait naître Jésus des flancs mêmes de la race humaine, et Jésus nous a donné l'Evangile éclos au fond de son cœur. » (SABATIER, *Esquisse*, p. 54.)

Voilà pour le passé. Quant au présent, la loi du mouvement nous semble être exactement la même : c'est sa propre croissance morale qui oblige l'humanité à modifier sa religion pour la maintenir à la hauteur de son respect. A mesure que l'âme humaine acquiert un degré de délicatesse morale qu'elle n'avait pas encore atteint, qu'elle se fait un idéal moral et social plus haut, c'est à dire plus conforme à la justice et à la raison, elle retouche instinctivement, sans même s'en apercevoir, ses croyances antérieures, remanie les dogmes, interprète les textes, allégorise et spiritualise les légendes, les récits, les pratiques, les rites, concilie enfin plus ou moins heureusement la lettre qui lui vient du passé avec l'esprit nouveau qui la pénètre.

A cet égard, quoi de plus intéressant que les dix dernières pages de la brochure de M. Chaponnière ? J'avais essayé d'exposer ce qui est bel et bien le dogme chrétien dans ses traits essentiels ; ce n'en était pas la caricature, comme quelqu'un l'a dit, qui serait bien embarrassé de justifier ce propos ; c'était le résumé populaire et très fidèle de ce qui fut et de ce qui est le christianisme, historiquement et géographiquement parlant, en d'autres termes de ce qui a été officiellement le christianisme authentique pendant douze ou quinze siècles, et de ce qui est encore le seul christianisme que connaissent et que pratiquent trois cent cinquante millions de chrétiens au moins, à supposer qu'il y en ait quatre cents millions dans le monde.

Et cet exposé fait, je disais, parlant à un auditoire protestant et suisse : « Vous avez beau faire, vous n'y croyez plus. Ce n'est pas le rationalisme, ce n'est pas la philosophie de Voltaire ou la critique de Strauss, ou l'exégèse de Reuss, ou l'incrédulité du siècle, qui a ébranlé votre foi. C'est que votre foi blessait ce qu'il y a de plus religieux au fond de votre âme. C'est l'Évangile de Jésus qui proteste en vous contre la dogmatique traditionnelle de l'Église et contre des théories d'un autre âge. »

Je le disais, mais M. Chaponnière le prouve avec bien plus de force et plus d'autorité.

De toutes ces doctrines dont je disais qu'elles ne sont plus supportables à la conscience humaine — le Dieu qui crée pour damner, le Dieu qui pardonne au prix de je ne sais quelle rançon consistant à faire porter à l'innocent la punition du coupable, le Dieu des peines éternelles, etc. — il n'y en a pas une dont mon honorable contradicteur prenne la défense. Il s'applique à les transformer, à les moraliser, à les idéaliser l'une après l'autre.

Le péché originel, il le remplace par la constatation scientifique de la solidarité physique et psychique. L'expiation, le sang qui lave, le sacrifice qui apaise Dieu, le Dieu fils immolé par le Dieu père, ce drame sanglant qui fait encore le fond tragique et mystique de la religion chrétienne et du culte chrétien sur toute la face du globe, si l'on en excepte une imperceptible minorité de la minorité protestante, l'honorable pasteur remplace tout cela par une doctrine incomparablement plus spiritualiste et plus pure, plus évangélique et plus philosophique, qui efface tous les traits grossiers du dogme primitif et y substitue une interprétation digne de notre temps : « *Nous saluons en Jésus le second Adam..., un être exceptionnel, fruit de l'hymen mystérieux de l'espèce humaine et du verbe divin qui a été greffé sur le sauvageon de notre race pour y introduire une vie nouvelle.* » (P. 33.)

Soit. Mais combien y a-t-il de chrétiens, catholiques grecs ou romains, protestants luthériens ou anglicans, qui reconnaîtront leur croyance et leur culte dans une telle phrase ? Les reconnaîtront-ils davantage dans ces paroles, d'ailleurs fort belles, du vénérable professeur F. Godet :

« *Jésus-Christ a ressenti l'horreur des crimes dont il était chaque jour témoin, comme s'il en eût* été lui-même l'auteur responsable. Et dans la communion parfaite de sa conscience avec la sainteté divine, il a prononcé la condamnation à mort du péché humain. » (P. 35.)

Je ne fais aucune difficulté de convenir qu'une telle doctrine de la rédemption — ou celle qui est esquissée un peu après (p. 38), pour substituer l'hypothèse du néant au dogme des peines éternelles, preuve de plus que ce dogme ne fait pas moins horreur à la conscience de mon contradicteur qu'à la mienne — « ne tombe pas sous le coup du reproche d'immoralité ». Je constate, au contraire, et avec bonheur, qu'à mesure que grandit la conscience morale et religieuse, elle transforme et réforme, de par son autorité souveraine, les traditions les plus sacrées, les textes réputés divins, les croyances formellement inscrites dans la confession de foi, les pratiques cultuelles consacrées par vingt siècles et encore universellement répandues. Elle fait cela et elle fait bien.

Et c'est en cela même qu'elle fait acte véritablement religieux et véritablement chrétien.

Quel exemple plus frappant pouvait-on souhaiter que ces quelques pages de M. le pasteur Chaponnière, pour éclairer et confirmer la thèse que j'essayais de soutenir à Genève ? Comment n'y pas voir la preuve que, si l'esprit religieux est éternel, ses expressions ne le sont pas ? Il y a là un besoin de l'âme humaine, qu'il faut laisser en chaque temps se manifester suivant les lumières et dans la langue de ce temps. Une théologie comme celle de MM. Godet et Chaponnière, est une interprétation de l'Evangile éternel qui a sa date et son rang dans la longue série des versions successives que l'esprit humain a données de la pensée religieuse. Les versions antérieures, qui sont innombrables, ont eu, toutes, chacune en son lieu et en son temps, leur légitimité. D'autres viendront encore qui sans doute enrichiront ce trésor sans cesse grossissant.

Je me serais bien mal fait comprendre si j'avais laissé à mon auditoire l'impression que je venais précisément combattre telle ou telle des formes les plus récentes et les plus respectables de la théologie protestante, la plus libre et la plus hardie qu'aucune Eglise ait connue. Il serait par trop étrange qu'au moment même où je m'efforce de soutenir la profonde valeur morale et intellectuelle du phénomène religieux et son incessante évolution vers un idéal de plus en plus pur, mon grand souci fût de venir argumenter contre le dernier ou l'un des derniers termes de cette évolution même.

Ma pensée est tout autre.

Je cherche à faire remarquer par les hommes de bonne foi, religieux ou non religieux, orthodoxes ou hétérodoxes, croyants ou incrédules, que l'idée religieuse ne dure que parce qu'elle progresse, et qu'elle ne progresse qu'avec et comme l'humanité elle-même. Tout au début la religion a sûrement aidé à former la conscience dans l'humanité naissante, mais depuis de longs siècles déjà, ce n'est pas la religion qui redresse la conscience, c'est la conscience morale qui d'âge en âge redresse la religion. Maintenant d'où vient que la conscience morale grandit ? Je ne prétends pas l'expliquer, mais je le constate, ou plutôt ne sommes-nous pas unanimes à le constater ?

Bien loin d'avoir en vue de réfuter telle ou telle partie de la néo-orthodoxie protestante, je serais porté — si l'on me permet d'en parler par une sorte d'analogie avec les matières philosophiques — à envisager toutes ces nouvelles interprétations du dogme, de l'histoire et de la tradition religieuses un peu comme Guyau envisage à la fin de son livre les grandes hypothèses métaphysiques dont il fait une si magistrale esquisse. Ces hypothèses, pense-t-il, ne disparaîtront pas, alors même que nous aurons renoncé à leur attribuer la fixité d'un dogme ou la valeur d'une certitude absolue. L'esprit humain continuera à construire des abris provisoires où il s'arrête à chaque étape de la route, essayant de faire le triage et le classement de ses richesses avant de repartir pour une nouvelle et plus lointaine exploration.

Ce que Guyau croit vrai de la philosophie ne le serait-il pas de la théologie ? « A mesure, dit-il, que la pensée pénètre plus avant, elle voit les choses en même temps se diversifier dans leurs aspects et s'unifier dans leurs lois. » Il se peut que, « grâce au progrès social, l'être moral éprouve de moins en moins le besoin, pour se soutenir dans ses sacrifices, de faire appel aux hypothèses métaphysiques, de s'appuyer sur l'incertain ». Mais, comme d'autre part « l'homme tend à devenir de plus en plus un être réfléchi », la spéculation métaphysique ne disparaîtra pas par le seul fait qu'elle aura cessé d'être un de nos mobiles directeurs et en quelque sorte un souci intéressé, celui de notre salut. « Nous serons en quête de la destinée du monde, indépendamment de la nôtre propre ; et la pure curiosité de l'intelligence se risquant dans l'inconnu remplacera l'intérêt direct du *moi*. » — Il en serait de même de la spéculation religieuse le jour où tout le monde serait bien convaincu que « le salut » n'est plus attaché au fait de croire à telle doctrine, d'appartenir à telle Eglise et de participer à tel sacrement.

Les deux pasteurs qui m'ont fait l'honneur de me répondre me répondraient, encore ici, qu'ils ne sont pas de ceux qui lient ainsi le salut à une condition intellectuelle ou à une pratique ecclésiastique. — Je leur en donne acte par avance. Mais encore une fois n'oublions pas qu'autour de nous, il y a le monde chrétien tout entier, qui dans son immense majorité en est encore là.

La religion de M. Chaponnière, exposée à cette immense majorité des chrétiens de nos jours, leur paraîtrait, à très peu de chose près, juste aussi hérétique que la mienne : ils lui reprocheraient le même vague, la même spiritualité décevante, le manque de ce je ne sais quoi de concret, d'affirmatif quand même et d'impératif à outrance dont l'humanité n'a pas encore su se passer. En vain essaierions-nous de devancer les temps, laissons mûrir la moisson, laissons l'humanité s'humaniser encore plus, la société se socialiser davantage, l'esprit devenir plus esprit, la raison plus raisonnable et le sens moral plus moral encore. Et peu à peu viendra, pour un plus grand nombre, sans controverse et sans secousse, l'heure du passage normal de la religion de la lettre à celle de l'esprit, de la foi aveugle à la foi éclairée, de la peur de l'enfer à la peur de mal faire, de la superstition à la raison, du miracle matériel au miracle de l'amour, de l'inspiration externe à l'inspiration du dedans, du Dieu de la Bible au Dieu de l'Evangile, du Jésus de l'Eglise au Jésus de l'histoire, et de l'emprisonnement dans le dogme au plein exercice de la libre pensée religieuse.

Note C.

(Page 68.)

SUR LA NON-IMMOBILITÉ DU CATHOLICISME

A l'appui de ces indications rapides, j'avais songé à donner ici au public protestant quelques noms propres et quelques titres d'écrits récents. Mais il est plus sage d'y renoncer : cette liste serait très longue, et elle égarerait le lecteur. Elle trahirait d'ailleurs ma pensée. Elle semblerait donner à entendre qu'il se forme dans l'Eglise de France un groupe à part, un commencement de dissidence tendant à faire ressusciter une sorte de « catholicisme libéral », ce qu'on appelle ailleurs un parti « vieux-catholique ». Je ne crois pas qu'il y ait rien de semblable, et ce n'est pas ce que j'ai voulu dire.

C'est au sein même de l'Eglise, dans la masse des fidèles aussi bien que dans l'élite intellectuelle du clergé, que se produit le mouvement auquel je fais allusion. Et ce mouvement est de telle nature qu'il peut se propager, avoir même de très grandes conséquences, avant d'en venir, peut-être sans en venir jamais à un conflit dogmatique ou disciplinaire avec l'autorité religieuse. Il ne s'agit pas d'une minorité hardie qui se préparerait, sciemment ou non, à secouer le joug : c'est le catholicisme lui-même et tout entier qui s'humanise, se démocratise, se spiritualise. L'allure de la pensée, le ton de la polémique, l'inspiration et le sens général des paroles, des œuvres, des actes, subissent un changement interne. Le catholicisme du XXe siècle en France ne ressemble ni au gallicanisme d'avant-hier ni à l'ultramontanisme d'hier.

Qu'on lise par exemple les sermons de l'abbé Pierre Vignot, dans son très beau recueil *la Vie meilleure*, ou certains articles du P. Laberthonnière, comme celui : *Pour le dogmatisme moral* dans les *Annales de Philosophie chrétienne*, ou quelques pages de pédagogie morale de l'abbé Guibert dans *l'Éducateur apôtre*, ou les fermes déclarations du savant abbé Hipp. Hemmer dans la *Semaine religieuse de Paris* contre certains abus de la dévotion matérialiste; que l'on parcoure les collections de la petite revue *le Sillon*, débordante parfois de juvénile générosité, ou que l'on prête l'oreille aux discours catholico-socialistes d'hommes politiques comme l'abbé Lemire et l'abbé Gayraud ; ou bien que l'on suive dans les revues spéciales et jusque dans la *Revue de métaphysique et de morale* les ondulations d'une certaine philosophie qui, en prétendant s'inspirer de MM. Lachelier, Boutroux et Bergson, se trouve aboutir, à force de se mettre en garde contre l'intellectualisme, à une forme éthérée de la foi catholique ; que l'on écoute Mgr Spalding parlant de la haute éducation libérale qu'il se flatte de faire accepter un jour de Rome, ou que même on se borne aux manifestations extérieures et populaires du mouvement quotidien de l'opinion moyenne dans la presse politique, dans *l'Univers* par exemple, ou dans de petites feuilles dirigées par des ecclésiastiques comme la *Vie catholique* ou la *Justice sociale*, il n'y a pas moyen d'échapper à l'impression d'une sève nouvelle circulant de haut en bas et de bas en haut dans l'arbre tant de fois séculaire. Sève étrangère et artificielle, disent les uns ; sang nouveau et vie nouvelle, disent les autres. — L'heure n'est pas venue de décider entre ces deux hypothèses.

Depuis le moment où j'en parlais à Genève, une nouvelle et éclatante manifestation a rendu plus visible encore le phénomène très discutable et très énigmatique, jusqu'ici, mais très réel, sur lequel j'appelais l'attention : c'est le Congrès ecclésiastique de Bourges.

En laissant de côté tout ce qui passe avec les circonstances et les intérêts mouvants de la politique au jour le jour, il reste de cette sorte de concile officieux et même sans mandat un fait qui a son importance : l'effort de toute une partie du clergé séculier d'un grand pays pour prendre conscience de sa vie propre, de ses devoirs à l'égard de la société civile, du vrai rôle qu'il lui appartient de jouer, en faisant de la paroisse non plus la dépendance du château et du couvent, non plus la rivale et l'ennemie de la commune, mais plutôt le centre et le foyer d'une vie morale et sociale inspirée par l'Eglise sans lui être asservie, et qui tendrait, en somme, à se montrer bienfaisante pour tous.

Le Congrès de Bourges a été le Congrès des œuvres sociales, des œuvres « sacerdotalement sociales » sans doute, mais c'est un premier pas significatif dans la voie du rapprochement avec la société laïque, un premier effort de cette avant-garde du clergé national pour se dégager des liens qui l'attachaient à la réaction politique, pour cesser de « bouder » la République et se replonger franchement en pleine démocratie.

Il y a plus. Bien que cette tendance — très sévèrement jugée d'ailleurs par la partie réactionnaire de la presse catholique — s'applique surtout au côté pratique, social et politique de l'action du clergé, il a été dit à Bourges, par des personnes dont l'autorité n'est pas négligeable, des paroles qui ont beaucoup plus de portée. Quelques-unes se rapportent si directement à l'objet de ces conférences et montrent si bien le changement d'esprit auquel je faisais allusion (p. 68 et suivantes), qu'on me permettra d'en donner au moins une idée, le public auquel je m'adresse étant à cet égard probablement assez peu renseigné.

Dans un éloquent discours de M. le chanoine

Pastoret, je détache quelques lignes ayant trait non plus seulement à l'amour de notre temps — à ce devoir des prêtres que l'orateur résume ainsi : « Aimons les hommes, qui nous fuient, qui se défient de nous, qui ne nous aiment pas, et aimons-les tels qu'ils sont : aimons-les, car on ne sauve que si l'on aime » — mais à la question même du dogme : « Messieurs, dit-il avec courage, les hommes ne sont plus avec nous, ils nous échappent en écrasante majorité » (l'orateur doute même « si nous avons encore la majorité des femmes »). « Allons à eux, car ils ne viennent plus à nous... Soyons bien convaincus que l'intelligence de nos contemporains exige de notre part plus d'efforts que n'en réclame leur cœur. Ce n'est pas le cœur qui est détaché de la religion, c'est la confiance en la rationabilité des croyances qui est ébranlée... Exposons dans toute son ampleur le dogme dont nous avons la garde et montrons-le... *immuable et fixe dans son essence, progressif et susceptible de développements conformes au progrès de la pensée humaine, souple et applicable aux conditions changeantes et à l'incessante mobilité des formes sociales...* Prenons garde de pousser trop loin la doctrine et d'adopter devant les esprits déjà si prévenus cette arrogance de lutte, cette prétention du sacerdotalisme intransigeant qui entendrait se faire un rouage officiel et privilégié de la société politique. C'est de cela que la société moderne ne veut plus... Le sacerdoce n'a pas été institué par Jésus-Christ pour devenir un corps social classé nécessairement parmi les éléments dirigeants des sociétés politiques. Il a été institué pour infuser le sel évangélique dans toutes les institutions de la société humaine. . Messieurs, rendons des services, mais ne les imposons pas. Nous n'avons pas même le droit d'imposer notre vérité... »

De tout cela, nous dit-on, il ne restera rien dans six mois. Peut-être. Mais si, tout de même, il en restait quelque chose ?.....

Note D.

(Page 101).

LA RELIGION « SUPERPOSÉE » A LA MORALE

Ici encore je me réfère et je me rattache à la doctrine si fortement exposée dans l'*Esquisse d'une Philosophie de la religion.*

« Dans la religion de Jésus, dit M. Sabatier, il n'y a de religieux que ce qui est authentiquement moral : et il n'y a rien de moral dans la vie humaine qui ne soit vraiment religieux. La religion parfaite coïncide avec la moralité absolue » (p. 119).

« La religion et la morale étaient destinées à se rapprocher toujours plus et à se pénétrer entièrement, si bien que la religion parfaite se reconnaîtra à ce signe : la piété suprême n'apparaissant plus que comme la moralité idéale. Au fond, le christianisme n'a pas d'autre principe... La religion absolue et la vie morale absolue sont deux termes identiques. Le vieux dualisme est surmonté dans l'unité de la conscience chrétienne » (p. 128).

« Le Christ ne voulait dans la religion rien qui ne fût moral, ni rien dans la morale qui ne fût religieux. Aussi ramène-t-il la piété du dehors au dedans... Il fonde ainsi l'autonomie absolue de la vie religieuse et de la vie morale qui n'en font plus qu'une et apparaissent simplement comme les deux faces de la conscience : l'une intérieure et tournée vers Dieu, l'autre extérieure et tournée vers le monde » (p. 236).

Partant de cette vue, qui fait consister le principe chrétien précisément dans « cette unité organique » de la conscience morale et religieuse, M. Sabatier explique comment elle a été brisée par la conception catholique, qui matérialise l'élément religieux et « entraîne à sa suite un surnaturalisme universel ». Et voici comment il décrit le phénomène de *superposition* auquel je n'ai pu que faire une allusion rapide, et par là même peut-être un peu obscure, dans ce passage de ma conférence. Celui de M. Sabatier l'éclaircira :

« Le clergé se sépare du peuple et se superpose à lui comme intermédiaire obligé entre la terre et le ciel. La société religieuse constituée sous la forme d'un gouvernement se superpose à la société civile qu'elle voudra régir ; la grâce se superpose à la nature, agissant d'en haut sur elle par le sacrement ; la morale de l'Eglise, en tant que morale surnaturelle, se superpose à la morale naturelle de la conscience ; la révélation à la raison, les dogmes divins à la science humaine ; le pouvoir spirituel du prêtre, au pouvoir temporel de la famille et de l'Etat. Partout, au dedans, au dehors, la division éclate, et l'on voit naître dans l'homme et dans la société une lutte intestine qui ne prendra jamais fin, car les deux forces originelles qu'elle met en conflit — la religion et la nature — sont également puissantes et éternelles » (p. 237).

Note E.
(Page 147.)

SUR LE ROLE DU PROTESTANTISME DANS L'OEUVRE SCOLAIRE DE LA TROISIÈME RÉPUBLIQUE

Ce n'est pas sans quelque surprise que je trouve sous la plume de M. Chaponnière un mot qui prouve, une fois de plus, la merveilleuse fortune des légendes bien contées. Qu'il me soit permis de prémunir nos amis de Suisse contre trop de facilité à les accueillir.

M. Chaponnière parle couramment du « triumvirat de protestants libéraux qui a réorganisé l'enseignement moral des écoles françaises ».

Jolie trouvaille de polémiste que ce « triumviral »! M. Georges Goyau, dans le petit livre cité plus haut, s'en est servi avec son talent ordinaire pour donner une sorte de relief dramatique et un peu de consistance à son exposé de la situation scolaire en France. Trois Français se sont trouvés en Suisse, il y a une trentaine d'années, engagés dans le mouvement d'où est sortie l'*Union du christianisme libéral* ; or, on les retrouve dans leur pays, sous la République, prenant part, à des degrés divers, à l'organisation des écoles laïques. Plus de doute. Ce sont ces trois conspirateurs — Buisson, Pécaut, Steeg — qui ont tout prémédité, tout concerté et sinon tout dirigé (ce serait trop dur à faire admettre), du moins profité du désarroi général pour donner à l'école française « une religion exotique, une théologie exotique et presque un vocabulaire exotique ». (P. 67.)

On oublie de dire qu'à côté de ces trois noms il y en aurait, pour être simplement équitable, quelques dizaines d'autres à citer; que, si un député nommé Steeg a écrit un *Manuel d'instruction morale et civique*, d'autres députés nommés Paul Bert, Compayré, Mézières, en écrivaient d'autres, non moins fameux ; que, si l'on trouve dans la liste des inspecteurs généraux un ou deux noms protestants, elle en contient quinze ou vingt catholiques dans la même période, et que, les rapports de tous ayant été publiés à plusieurs reprises, rien n'est plus simple que de constater à quel point ils étaient tous animés d'un même esprit qui n'était ni catholique ni protestant, mais simplement laïque, libéral et démocratique. On oublie de dire qu'en regard de l'école de Fontenay, l'école parallèle fondée pour les hommes à St-Cloud fut, quinze ans aussi, dirigée par un Pécaut catholique, M. Jacoulet, et qu'enfin, si la direction de l'enseignement primaire a été longtemps aux mains d'un protestant libéral, elle n'y est plus depuis plusieurs années. Et qu'y a-t-il de changé ? Rien. M. Goyau cite même, de mon honorable successeur, M. Bayet (qui n'a rien de protestant), des déclarations plus inquiétantes encore que les miennes. Plus cela change, plus c'est toujours la même chose, avec ou sans protestants ! Ce qui veut dire en bon français que la révolution scolaire du dernier quart de siècle n'est ni une œuvre de parti ni l'œuvre propre de quelques hommes, mais une œuvre nationale : législativement, elle n'a pu aboutir qu'après des années de luttes parlementaires retentissantes ; administrativement, toute une légion de fonctionnaires y a travaillé vingt ans de suite, surveillée par des ministres qui n'étaient guère disposés à servir une secte ou une coterie, ayant sans cesse eux-mêmes des comptes à rendre et des votes à demander à un Parlement qu'il serait un peu enfantin d'englober dans le soupçon de calvinisme ; pédagogiquement enfin, notre littérature scolaire est là, on peut voir la part qu'y occupe l'élément protestant.

Comment donc a-t-on pu « arranger » ainsi cette page d'histoire contemporaine ? Par un très simple artifice, en masquant l'ensemble sous l'abondance même des détails qu'on a choisis. On n'a pas faussé le spectacle, on a faussé l'optique du spectateur.

Ce grand mouvement de l'opinion libérale qui a fini par aboutir à nos lois scolaires de 1880 à 1886, il a un long passé que l'on ne pouvait pourtant pas faire disparaître. On se borne à n'en pas parler, parce que ce passé éclairerait trop le présent. On fait donc en sorte d'omettre ou, si vous voulez, de perdre totalement de vue les origines jusqu'où il faudrait remonter pour trouver la première édition de nos lois scolaires, les rapports de Talleyrand, de Romme, de Condorcet, de Lakanal, les décrets des assemblées de la Révolution, leur plan d'éducation nationale et laïque, déchiré avec horreur par l'Empire et la Restauration, repris en partie par M. Guizot dès 1833, puis en entier par la République de 1848, écarté à jamais, on l'espérait du moins, par l'acte sauveur de la réaction, la loi Falloux, et puis, malgré tout, renaissant sous l'Empire même avec Duruy, qui se fait couvrir d'injures et d'anathèmes en essayant de fonder l'éducation laïque même pour les femmes, et, enfin, après des années de luttes acharnées, après la déconfiture du 16 Mai, inscrit définitivement par la République dans ses lois, à l'éternel honneur de Jules Ferry. Tout cela c'est une même histoire, formant bien ce que Bossuet appelait une « suite ». C'est une tradition dix fois brisée et dix fois renouée, c'est l'unité persistante d'une même pensée qui finit par triompher. C'est cela qui était le cœur du sujet : on y peut voir un certain nombre de protestants en collaboration avec des libres-penseurs, avec des francs-maçons, avec des catholiques libéraux, et surtout avec une masse énorme de catholiques qui, sans être disposés à abjurer le catholicisme, ne l'étaient pas davantage à laisser plus longtemps carte blanche au cléricalisme, d'où la formidable majorité républicaine qui, depuis vingt ans, sur ce point-là, ne s'est pas une fois démentie ; et c'est ce que l'historien eût exposé s'il n'avait dû laisser libre carrière au polémiste.

Bien qu'il soit superflu d'insister, je voudrais — ne fût-ce que pour faire lire à nos amis du dehors une appréciation des événements faite au point de vue français — transcrire ici quelques lignes d'un autre historien qui n'a jamais été suspect de protestantisme, qui a été ministre de l'instruction publique dans le cabinet Méline et qui enfin, en ces derniers temps, a donné tous les gages au nationalisme. Voici comment il conclut un long et très exact exposé des lois Ferry :

« Notre système d'enseignement procède légitimement des idées les plus enracinées, des instincts les plus profonds, des aspirations les plus hautes de notre race. Il est à l'image même de la nation ; ce que notre civilisation à travers tous les obstacles a pu réaliser de progrès depuis cent ans, on ne saurait en trouver une plus exacte mesure que dans nos lois scolaires...

» Notre école primaire est avant tout une grande école de paix et de solidarité. Longtemps soumise aux influences confessionnelles, elle en est désormais affranchie plus radicalement qu'en Angleterre, plus radicalement qu'en Prusse, qu'en Belgique, qu'aux Etats-Unis...

» La laïcisation de l'enseignement en France est le dernier épisode du grand travail de laïcisation qui a commencé dès les origines de notre histoire ; successivement le gouvernement, la loi civile, la justice, la famille, sont sorties de la tutelle ecclésiastique ; l'école en sort à son tour. De toutes nos institutions, c'est l'école qui est émancipée la dernière, parce que c'est sur elle qu'ont porté les dernières résistances et les plus désespérées, mais c'est du plus profond de notre conscience nationale qu'est sortie la loi qui a substitué à l'instruction

« morale et religieuse » l'instruction « morale et civique ». (ALFRED RAMBAUD, article *France* dans le *Dictionnaire de pédagogie*, tome I, p. 1090.)

En lisant ce jugement qui nous remet sous les yeux la réalité, on se demande comment un esprit clair, sagace et sincère, a pu croire qu'il réussirait à ramener tout un siècle de notre histoire à des proportions assez mesquines pour que tout s'explique en fin de compte ou à peu près par les menées du prosélytisme protestant, même en y ajoutant les ténébreuses manœuvres de la franc-maçonnerie, l'autre « bête noire » de M. Goyau.

L'erreur du jeune écrivain catholique sur le rôle des personnes est après tout de peu d'importance. Il en commet une plus grave dans son appréciation sur le rôle des idées.

Suivant lui, le protestantisme libéral n'aurait eu qu'un objet : fournir aux politiciens embarrassés « non pas une solution, mais un compromis ». L'opinion publique « tâtonnait lamentablement », ne sachant qui suivre, perplexe entre le radicalisme politique, le positivisme scientifique, l'athéisme fanatique, le matérialisme, le socialisme et je ne sais quoi encore, ballottée de la Ligue de l'enseignement aux convents maçonniques, de Ferry à Paul Bert, de M. Spuller à M. Goblet, du ministère de l'instruction publique au conseil municipal de Paris. Le protestantisme libéral propose un terrain d'entente, c'est à dire de fausse entente.

L'accusation est grave, elle est infamante. Il n'était pas permis de la lancer sans la préciser. Pourquoi reste-t-elle flottante, plus flottante encore que ces doctrines mêmes dont elle dénonce « les contours ondoyants et moelleux » ? Il valait pourtant la peine d'entrer au cœur de ces doctrines, d'en montrer ou le vide, ou la fausseté, ou l'impuissance, ne fût-ce que pour expliquer en quoi elles trompaient la conscience publique. Chaque fois que M. Goyau se retrouve en face de ce qu'il appelle « la tendance protestante-libérale », on s'attend à cette explication nécessaire, qui ne vient pas. Il s'amuse à railler notre « langue » avec un sourire d'indulgent dédain, « langue plus apte à traduire la religiosité qu'à définir un *credo* » (soit : voilà un reproche que nous acceptons), « langue à la fois riche et vague, langue discrète et courtoise, assez pieuse pour réfuter ceux qui dénonçaient « l'école sans Dieu », assez souple pour ne point choquer les politiciens qui traitaient Dieu en ennemi ». Petites insinuations dont la perfidie est inoffensive, mais qui, faisant diversion, dispensent l'auteur de nous dire et probablement de se demander ce qu'il pense de la question qui est au fond de tout ceci.

Posons-la donc une fois de plus.

Nous avons été un certain nombre dans l'Université — et non pas tous, certes, protestants-libéraux mais peu importe — à nous imaginer qu'il est possible à un homme, indépendamment de toute confession ecclésiastique, de vivre d'une vie morale qui aura la profondeur, la force et la vertu du sentiment *religieux*. Dans ce mot *religieux*, M. Goyau ne voit qu'une habileté de bas étage, un art de jouer sur les mots et de se jouer du monde. Il faut le plaindre, voilà tout. Sa méprise ne nous étonne que parce qu'elle se produit dans un esprit si éclairé, mais c'est celle qui constitue le fond même du catholicisme traditionnel.

L'Eglise a fait prendre ce pli à toute une fraction de l'humanité, par une éducation tant de fois séculaire, de ne plus pouvoir se représenter la religion sans le dogme ni le dogme sans le prêtre. C'est de très bonne foi que le catholique non prévenu se récrie, la première fois qu'il entend parler d'une religion qui ne gît pas dans les formes, les pratiques, les rites, les articles de foi. Qu'il y ait quelque chose de religieux dans la pensée du savant, dans la méditation de l'artiste, dans l'émotion que nous cause la vue du sublime, dans l'acte de dévoûment de l'homme de bien qui fait son devoir, fût-il athée, dans le plus obscur effort moral d'une conscience humaine, dans tout élan de l'esprit vers une des formes de l'idéal, dans toute vie qui s'élève au-dessus de l'égoïsme, c'est pour lui un langage nouveau, bizarre et longtemps incompréhensible.

Il faut bien admettre que M. Goyau en est là : il ne lui vient même pas à l'esprit que quelqu'un, protestant ou autre, ait pu sérieusement songer à faire, sans l'Eglise, une éducation morale qui soit l'éducation complète de l'âme humaine, qui développe toutes ses facultés, y compris le sens de l'idéal, et satisfasse tous ses besoins, y compris le besoin d'infini.

Tout ce qu'il découvre là-dessous, à part une phraséologie déclamatoire, c'est la guerre à l'Eglise; et en un sens il n'a pas tort.

Car être religieux sans elle, c'est ce que l'Eglise pardonne le moins : mieux vaudrait être irréligieux. De là l'amertume concentrée des jugements de M. Goyau sur l'école laïque.

Qu'elle se proclame athée et matérialiste, ce serait fâcheux, mais ce serait clair. Ou encore que l'école primaire accepte de bonne grâce de limiter son enseignement moral à celui de la civilité puérile et honnête, sentant bien que c'est tout ce dont elle est capable, laissant à d'autres l'au-delà, et trop heureuse qu'on la charge d'apprendre aux enfants du peuple les maximes usuelles du savoir-vivre avec une bonne grosse philosophie de l'intérêt bien entendu pour tout arrière-fond : à merveille, et l'on aurait même des paroles d'encouragement et un ton protecteur pour le brave homme d'instituteur qui s'en tiendra là.

Mais voilà que cette humble école et cet humble

maître prétendent cultiver à fond l'âme de l'enfant, essaient d'y éveiller le sentiment, la pensée, la réflexion, la volonté, d'y former le sens moral et, avec lui, le sens religieux, car ils se tiennent, celui-ci étant à celui-là comme est la poésie à la prose ; voilà que l'instituteur, comme le professeur, ne croit pas sa tâche finie, quand il a fait réciter les leçons et corriger les devoirs : il cause avec ses élèves, à propos d'un incident de la vie quotidienne, comme jadis Socrate avec la jeunesse d'Athènes ; il se permet de s'adresser à leur conscience au lieu de les renvoyer à leur curé; il ose les guider, les reprendre, les encourager, en père de famille ; il ose, à mesure qu'ils grandissent, faire grandir en eux un certain idéal moral propre à illuminer leur vie intérieure ; il va leur parler de tout, même de Dieu : en s'interdisant, comme le bon sens et la loi lui en font un devoir, toute immixtion dans les questions confessionnelles. il ira jusqu'à les entretenir de leurs « devoirs envers Dieu », et cela dans le sens très précis que définissent expressément les programmes. Par « devoirs envers Dieu » certains feignent d'entendre les pratiques du culte ; et M. Goyau ne manque pas de remarquer que « dans le commun d'un peuple dont une longue hérédité chrétienne a modelé les cerveaux et les consciences, il y a une association à peu près indissoluble entre la notion de Dieu et la chaire du prêtre ». C'est précisément cette « association indissoluble » que les programmes officiels rompent par un texte catégorique, qui prévient tout malentendu :

« L'instituteur n'est pas chargé de faire un cours *ex professo* sur la nature et les attributs de Dieu. L'enseignement qu'il doit donner à tous indistinctement se borne à ces *deux points :*

» D'abord il leur apprend à ne pas prononcer légèrement le nom de Dieu : il associe étroitement dans leur esprit à l'idée de la Cause première et de l'Être parfait un sentiment de respect et de vénération ; et il habitue chacun d'eux à environner de même respect cette notion de Dieu, alors même qu'elle se présenterait à lui sous des formes différentes de celles de sa propre religion.

» Ensuite et sans s'occuper des prescriptions spéciales aux diverses communions, l'instituteur s'attache à faire comprendre et sentir à l'enfant que le premier hommage qu'il doit à la divinité c'est l'obéissance aux lois de Dieu telles que les lui révèlent sa conscience et sa raison. » (Programmes officiels des écoles primaires annexés à l'arrêté organique du 18 janvier 1887.)

Ainsi : d'une part, l'enseignement du respect dû à l'idée religieuse et de la tolérance due à toutes ses formes, et de l'autre, l'idée que la première manière d'honorer Dieu consiste, pour chacun, à faire son devoir suivant sa conscience et sa raison, telle est en deux mots la solution donnée, depuis Jules Ferry, à ce prétendu problème insoluble : constituer dans l'école laïque un enseignement qui ne soit ni confessionnel ni irréligieux.

C'est contre ces nouveautés intolérables que s'exerce l'impitoyable ironie de M. Goyau ; il ne s'amuse pas à les discuter, n'est-ce pas assez d'en avoir fait soupçonner l'origine huguenote ? La propagande protestante, en France, est le seul talisman qui ait le don de réveiller tout ensemble le vague instinct catholique assoupi dans la masse, en même temps que la méfiance du libre-penseur, fier d'avoir démêlé un cléricalisme plus subtil.

Et pourtant le brillant polémiste paraît bien avoir senti lui-même que son argumentation était un peu légère, car, dans une note, il s'en défend par cette circonstance qu'il « écrit un récit et non une thèse ».

« Un récit ! » Sa manière de faire « un récit » vaut d'être mise en lumière, ne fût-ce que par un exemple.

A la veille de l'Exposition de 1889, le ministère de l'Instruction publique, préparant un exposé de la situation, confie à des hommes compétents le soin d'écrire un certain nombre de monographies sur la marche des écoles. Que va-t-on faire pour l'instruction morale et civique qui vient d'être organisée par la loi il y a peu d'années, par les règlements scolaires il y a quelques mois ? On peut se borner à un rapport sommaire et administratif, sorte de commentaire des textes officiels. Non. Le ministre invite les inspecteurs d'Académie de tous les départements et les inspecteurs primaires des quatre cent cinquante arrondissements à raconter en toute franchise, à leur manière, ce qui se passe dans leur circonscription, les premières expériences qu'ils ont faites, leur appréciation sur les débuts du nouvel enseignement, ses succès, ses idées, ses difficultés.

Pour faire le dépouillement de ces cinq à six cents rapports, et en publier le résumé, le ministre cherche non un fonctionnaire de son administration, mais un homme dont le nom, la situation et le caractère soient une garantie d'indépendance. Son choix s'arrête sur un membre du Conseil supérieur, M. Lichtenberger, doyen de la Faculté de théologie protestante. M. Lichtenberger n'était pas suspect d'engouement pour la morale purement laïque; il était fort attaché à une religion positive et convaincu de la nécessité d'une éducation religieuse.

« Le choix ne pouvait être mieux placé, écrit à ce sujet un juge sévère, M. le duc de Broglie, car il serait impossible d'apporter dans l'accomplissement d'une tâche délicate plus de sincérité et de véritable désir de s'éclairer que ne l'a fait M. Lichtenberger. Pour se préserver de toute tentation de faire tort à la vérité dans un sens quelconque, il a eu soin de laisser le plus souvent la parole aux fonctionnaires interrogés eux-mêmes et de reproduire sans les altérer les passages les plus importants de leurs réponses (1). »

Quel est le résultat de cette enquête ? Il suffit de lire ces cent-vingt pages in-8°, presque toutes faites d'extraits textuels, pour être frappé de la liberté de parole qui circule dans tous ces témoignages locaux. Les uns trouvent que le nouvel enseignement est déjà en bonne voie, d'autres jugent et disent ou qu'il n'est pas en faveur, ou que les instituteurs ne savent pas le donner, n'aiment pas à s'y aventurer, ou que les leçons sont trop arides, ou trop abstraites, ou trop banales, ou qu'on sent de l'indifférence de la part des maîtres, des familles, des élèves.

L'expression de ces critiques et la peinture de ces difficultés que rencontre la mise en train du nouvel enseignement donnent la note caractéristique du recueil : « Nous avouons, disait M. Lichtenberger, qu'elle n'est pas pour nous déplaire. En pareille matière, ce qu'il faut redouter, c'est la complaisance satisfaite, l'admiration niaise. Le mécontentement est la source du progrès », c'est aussi l'indice de la haute idée qu'on s'est faite de la tâche à remplir. Aussi, bien loin de se plaindre de cette sévérité des jugements portés par eux-mêmes sur eux-mêmes, le rapporteur ne dissimule pas qu'il y a plusieurs

(1) *Bulletin de l'Œuvre du bienheureux de la Salle*, janvier 1890, p. 4.

de ces humbles pages écrites par des inspecteurs, quelques-unes même par des instituteurs, qu'il n'a pu lire sans émotion. Il ne dissimule pas davantage « qu'il y a eu, au début surtout, des tâtonnements, des hésitations, d'inévitables méprises ». Mais en somme, conclut-il, « un sérieux effort a été fait pour élever le niveau moral de la jeune génération »; et ce professeur de théologie se réjouit de cet effort, bien que tenté en dehors de toute influence théologique; il y voit « un progrès manifeste ». Tout en demeurant pénétré de l'importance de l'éducation religieuse, il reconnaît que « la laïcisation des écoles est la seule garantie efficace de la liberté des consciences », et ne fait qu'un vœu, c'est qu'elle brave les réactions futures.

Croirait-on que nos adversaires, quelques-uns même des plus notables, ont eu le courage de lire ce rapport, chef-d'œuvre de loyauté lumineuse, avec l'unique préoccupation d'y découper une vingtaine de citations empruntées aux inspecteurs qui signalaient les défectuosités ou l'inefficacité de l'enseignement dans leur circonscription? Croirait-on que, de ces phrases mises bout à bout, ils ont composé de voyantes affiches, proclamant la « faillite de la laïque » et l'établissant par nos propres « aveux »? Il n'y avait plus qu'à y joindre, et ils n'y ont pas manqué, la statistique de la criminalité et des suicides pour prouver les ravages de « l'école sans Dieu »!

Croirait-on enfin que c'est avec ces matériaux que M. Goyau a fait ce qu'il appelle « un récit » ? Cette enquête, qui a ému l'enquêteur, qui est tout au moins un acte de confiance dans la bonne foi publique, voici comment il en rend compte :

« Des Landes et de la Creuse, de l'Yonne et de l'Indre, on écrivait au doyen de la Faculté que la foi et la conviction manquaient aux maîtres d'école, et qu'ils exerçaient sans enthousiasme ni plaisir le sacerdoce de professeurs de morale. On constatait à La Flèche que « les vieux maîtres étaient excellents » et que les jeunes, plus savants, exerçaient une action moindre ; ailleurs, que les institutrices réussissaient mieux que les instituteurs ».

Et c'est tout ; ses lecteurs n'en sauront rien de plus. Qu'avez-vous à dire ? Ces deux ou trois citations ne sont-elles pas exactes ? Elles le sont. C'est un grand art que cette façon-là de respecter la vérité. Et dire que sous prétexte de zèle religieux, l'esprit de parti peut produire de tels effets, non pas sur la foule des simples, mais sur des intelligences supérieures ! C'est à en pleurer.

On me pardonnera de relever un dernier trait, au moins aussi affligeant ; c'est encore « un récit » que reproduit M. Goyau, mais qui est de la plume de son maître, M. Brunetière.

Il s'agit d'une de ces réunions intimes, comme il y en eut plusieurs tout un hiver, où une vingtaine d'universitaires, voulant bien répondre à mon invitation, se rencontraient pour causer de la question qui nous tenait au cœur. Toujours la même. Une feuille pédagogique l'avait reprise sous la forme d'une petite consultation entre pédagogues : Est-il possible de constituer avec les seules ressources de la conscience et de la raison une morale assez vivante pour être « l'âme de l'école » ? C'était le mot imaginé par un jeune avocat qui avait ouvert la discussion.

Dans une de ces soirées, un peu plus nombreuse, avaient bien voulu venir quelques amis appartenant à la presse catholique. Ce qui s'y redit, c'est naturellement ce que nous avons tant de fois dit et écrit les uns et les autres ; les uns croyant à cette possibilité d'une morale qui aurait une portée religieuse, les autres n'y croyant pas. Tous étaient d'accord qu'une morale utilitaire et platement correcte, ce n'est pas la morale, c'en est le squelette. Mais le remède, qui nous semblait être dans le développement même de la morale laïque, nos contradicteurs ne l'attendaient que d'une religion positive et d'un enseignement confessionnel. Nous insistions. Notre école laïque est l'école sans le prêtre, elle n'est pas l'école sans Dieu. Au contraire, elle fait chercher Dieu au fond de l'âme de chacun. Le culte du devoir est déjà le culte de Dieu et, suivant le mot de Marion, tous nos devoirs sont des devoirs envers Dieu. N'y a-t-il pas là le point de départ d'une culture spirituelle qui pourrait s'approfondir indéfiniment et, en restant toute laïque, être foncièrement religieuse ?

Vues chimériques si l'on veut, c'étaient celles-là mêmes que je viens de soumettre à l'auditoire de l'Aula.

Quelques semaines après, voici en quels termes la *Revue des Deux Mondes* faisait allusion à ces entretiens. Transcrire cette page de M. Brunetière est toute la vengeance que j'en tirerai.

« ... Comment nous y prendrons-nous pour rendre une « âme à l'école » — c'est depuis quelque temps l'expression à la mode — ou seulement comme on l'a dit avec moins d'emphase, « pour faire du collège un lieu d'enseignement moral »... ? Imiterons-nous un haut fonctionnaire de l'instruction publique ? C'est très sérieusement qu'il proposait l'année dernière à une assemblée réunie tout exprès de chercher avec lui sous quel pseudonyme on pourrait réintroduire « le nommé Dieu » dans les écoles. Et, comme il craignait sans doute que quelque conseiller municipal ou quelque député n'éventât l'artifice, il demandait que le pseudonyme assez transparent pour les enfants, ne le fût pas pour M. Camille Pelletan ou pour M. Lavy. C'était faire trop peu d'estime de nos conseillers municipaux et de nos députés. La discussion fut longue; les plus timides hasardèrent l'*Idéal* ou l'*Au-delà*; de plus hardis ou de plus naïfs proposèrent *le Père*. Et finalement on se sépara sans avoir rien décidé... Je crois rêver moi-même en écrivant ces choses, et nous préserve l'*Idéal* ou l'*Au-delà* d'un semblable remède ! C'est par la grande porte qu'il faut que Dieu rentre dans les écoles, et si quelqu'un croit aujourd'hui ne pouvoir plus s'en passer, il faut qu'il nous le dise — et qu'on le sache ! » — *En note :* « Ai-je besoin de dire que cette anecdote est absolument authentique et n'a rien d'un apologue (1) ? »

Après ce « récit » — qui « n'est pas un apologue » (!) — quelle illusion peut-il nous rester ? Décidément M. Goyau avait raison, c'est la « langue » qui nous sépare de nos adversaires : celle que nous parlons, ils ne la comprennent pas, et quand ils la traduisent dans la leur, vous voyez ce que cela devient !

Que M. Brunetière soit absolument de bonne foi en écrivant cette relation, qui en doute ? Et c'est en toute bonne foi aussi que les personnes de qui il tient ses renseignements les donnaient en même temps à une autre Revue, dont le sens critique est généralement plus éveillé, la *Bibliothèque universelle*. Et elles n'ont pas eu conscience de déformer ce qu'elles avaient entendu, ni de calomnier les intentions de personne. Qu'est-ce que cela prouve, sinon cette chose amèrement triste, que même des esprits d'élite peuvent s'habituer si bien à certaines

(1) *Revue des Deux Mondes* du 15 février 1895. Reproduit dans la brochure de M. Brunetière, *Education et Instruction*, pp. 58-59.

façons de parler et de penser qu'ils n'en comprennent plus d'autre ? C'est un moule d'où ils ne sortent point : leur parler de Dieu autrement que d'un grand personnage extérieur et supérieur à nous, c'est parler en pure perte. Dès que le divin ne s'appelle plus la Sainte-Trinité, n'apparaît plus comme une personne, ne s'accompagne plus d'un certain appareil, et ne revêt plus la forme officielle du catéchisme et du *credo*, ce n'est plus rien pour eux qu'un mot creux, ils ne le sentent plus, ils ne le reconnaissent plus, ils ne l'adorent plus. Un effort pour spiritualiser à la fois la morale et la religion, pour faire saisir la réalité vivante du sentiment religieux au lieu de sa formule verbale, un effort surtout pour créer librement en soi une vie religieuse personnelle et rationnelle. Quand ils le rencontrent, ils en tirent... ce que vous venez de lire, signé d'un des plus grands noms de ce temps.

Ce n'est pourtant pas un protestant qui avait dit cette belle parole : « Dieu est un soupir indicible caché au fond des âmes. » M. Brunetière est-il devenu si bon catholique qu'il ne comprenne plus l'*Imitation ?*

Que cet exemple du moins nous instruise ! Il nous fait toucher du doigt le nœud du conflit. Aux yeux de nos adversaires, illustres ou obscurs, nous sommes grotesques et tout ensemble dangereux, parce que nous voulons, suivant une parole très juste d'un des nôtres, *laïciser la religion.* Ils en sont restés, eux, fidèlement à la notion païenne et catholique : je monde est toujours, pour eux, divisé en deux parties qui ne se mêlent pas. « Profanes, occupez-vous des choses humaines ; laissez les choses divines à l'autorité compétente. » A quoi nous répondons : Il n'y a pas de choses divines qui ne soient humaines ; c'est au cœur de l'humanité que réside le divin ; Dieu n'a pas d'existence phénoménale ; faites le bien, cherchez le vrai, aspirez à la perfection et vous aurez trouvé Dieu.

Que d'autres renoncent s'ils le veulent à user du droit humain par excellence et à remplir le devoir humain par excellence qui est de sentir en nous ce je ne sais quoi supérieur à nous, et qui est pourtant plus nous que nous-mêmes, comme disait Fénelon. Nous n'y renonçons pas, nous ne donnons procuration à personne pour faire acte d'homme en notre lieu et place.

Nous gardons l'immortelle parole du poète qui a posé pour tout l'avenir la loi de la dignité humaine. Elle est belle, mais elle n'est pas complète. Il faut la lire plus à fond et la traduire ainsi : « Je suis homme, et rien de *divin* ne m'est étranger. »

Note F.

(Page 180.)

SUR LA NOTION DE PÉCHÉ

Dans son second sermon, M. Fr. Thomas insiste très vivement sur une « lacune », la plus grave, dit-il, de toutes celles qu'il reproche « aux théories de M. Buisson » (p. 36). « Il est stupéfiant, dit-il, qu'un homme... qui s'occupe d'éducation depuis plus de trente ans, n'ait pas constaté cette réalité universelle, poignante, qui s'appelle le *péché* » (p. 10). Et dans des pages émues il fait, en partie d'après ses souvenirs personnels, le tableau de la révolution religieuse qui se produit dans une âme quand elle arrive à prendre conscience du péché.

Là encore, là surtout, je voudrais mériter l'éloge que veut bien m'adresser M. Thomas, celui « de dire franchement et sincèrement ce que je crois et ce que je nie ».

Je crois que la notion de *péché* (j'emploie le mot comme synonyme de mal moral) peut être envisagée sous deux aspects et employée à deux usages profondément différents : l'un moral, l'autre métaphysique. J'accepte l'un, je n'accepte pas l'autre.

Plaçons-nous sur le terrain de l'expérience morale et religieuse. Oui, c'est un grand fait, c'est une révolution intérieure qui se fait au fond de l'homme quand, se repliant sur lui-même, éveillé d'une sorte de long sommeil, entendant une voix à laquelle il fut longtemps sourd, s'envisageant avec une sévérité toute nouvelle, soit spontanément, soit à l'appel d'une âme supérieure qui lui a en quelque sorte ouvert les yeux et le cœur, il s'aperçoit de son néant, a honte de lui-même, s'indigne de ses défaillances et de ses souillures, s'accuse, se juge, se condamne et finit par s'écrier comme jadis l'apôtre : « Misérable que je suis ! qui me délivrera de ce corps de mort ? »

De quelque manière que ce phénomène se produise — qu'il éclate avec une soudaine violence ou qu'il s'insinue lentement dans la conviction; qu'il prenne la forme d'une révélation du dehors ou d'une révélation du dedans; qu'il soit théologique ou psychologique, accompagné ou non de crises physiques et psychiques; qu'il revête, suivant le degré de culture et selon le tempérament des personnes ou des races, les apparences de la peur, peur de l'enfer, peur de la mort, peur de Dieu, peur de la conscience, ou celles de l'émotion mystique, ou au contraire celles de la réflexion, ou bien encore celles d'une horreur en quelque sorte esthétique pour la laideur du mal — c'est toujours l'apparition d'une notion morale tellement supérieure à l'état précédent qu'il est impossible de n'y pas reconnaître une des grandes étapes du progrès humain. Sentir cette disproportion entre ce qu'il est et ce qu'il doit être, concevoir l'état qu'il lui faut atteindre sous peine d'indignité et être obligé de s'avouer que, bien loin d'y atteindre, il n'y tend pas même, mais tend plutôt à l'état contraire, s'avouer qu'il a bien plus d'affinité avec la bête qu'avec l'ange et en verser amèrement d'inutiles pleurs, c'est bien là pour l'homme la crise qu'il faut avoir traversée pour se dire homme. Et c'est ce qui fait, en dépit de toutes les erreurs qui ont pu s'y mêler, la grandeur morale de l'idée chrétienne du péché.

Mais si nous sortons de la conscience où se passe ce drame intérieur et tout psychologique, pour construire un système du monde dans lequel cette théorie du péché deviendra une sorte de grand fait cosmique ou de loi hypercosmique, et jouera le rôle d'une sorte de fatalité métaphysique, à la façon de l'antique fatalité païenne, nous sommes dupes de l'éternelle illusion qui nous porte à objectiver ce qui se passe en nous; nous élargissons jusqu'à l'infini et nous installons dans l'éternité, comme autant de réalités absolues, toutes les ombres qui flottent sur notre pauvre vie d'hommes. Ce qui est vrai pour l'homme dans le temps et dans l'espace, vrai pour la conscience individuelle à un degré de son développement, vrai pour un esprit qui pense comme le nôtre pense et pour une volonté qui agit comme agit la nôtre, il faut une témérité sans égale, ou plutôt une naïveté d'enfant, pour le déclarer vrai absolument, pour le poser comme réel, non pas dans l'homme, mais en Dieu.

Autant je reconnais dans la notion morale du péché une grande vérité humaine, autant je repousse la notion métaphysique du péché sur laquelle est fondée la dogmatique chrétienne.

Comme le disait Michelet avec tant d'émotion, dans ce fragment de journal intime qu'on a récemment publié, le péché originel ce serait « l'homme coupable de la culpabilité éternelle de la nature; la nature, si l'on suivait ce principe à la rigueur, serait le péché de Dieu, car pourquoi avoir créé cette nature qui devait être éternellement coupable? » Et avec l'aptitude merveilleuse de sa vue à saisir les grands traits dans leur relief, il montrait l'erreur de cette « doctrine de mort » qui « attribue à la vie cette horrible puissance de se souiller à jamais, de se vicier, de tomber dans la mort pour l'erreur d'un moment, pour la faute d'un seul ». Il ajoutait : « Qu'est-ce que l'enfant dans cette doctrine ? Un mauvais fruit d'un mauvais arbre; fils du désir, l'enfant est le péché du père. Eh bien, non ! Jésus vient, Jésus parle, et que dit-il ? Laissez venir à moi les petits enfants ! Belle et douce parole de l'Evangile ! Le Christ n'avait pas deviné le christianisme qu'on fit après lui ! »

Le dogme du péché n'est pas de Jésus. Ce qui est

de Jésus, c'est l'horreur du péché, c'est ce commandement divinement paradoxal : « Soyez parfaits comme votre Père qui est au ciel ! »

Et quand je songe à cette parole, qui fonde à jamais une morale et une religion que l'ancien monde n'avait pas même soupçonnées, je m'étonne que l'on veuille nous faire redescendre de si haut à une conception si manifestement inférieure.

C'est à mon tour d'être stupéfait d'entendre dire que « le péché est la plus réelle des réalités », et que la Bible, de la première à la dernière page, nous montre *un Dieu comme hanté par cette réalité* » (p. 41). Ce Dieu-là est-il le Dieu de l'Evangile, celui que Jésus appelait son Père et notre Père ?

On comprend d'ailleurs sans peine comment, de la loi même posée par l'Evangile, a dû naître la doctrine du péché. C'est comme la conséquence scolastique et, si l'on veut, la traduction dogmatique de ce mot : « soyez parfaits ! » Mesurés à cette mesure, que sommes-nous ? En regard de cette pureté absolue, il n'y a en nous que souillure. Et à un âge où, pour exprimer toute réalité, même spirituelle, l'homme ne concevait d'autre moyen que de l'incarner en un être plus ou moins pareil à lui-même, il dut personnifier le bien en un Dieu, le mal en un Diable ; il dut se les représenter agissant dans le temps et dans l'espace, engagés, au sens littéral et grossier du mot, dans une véritable lutte, dont l'histoire n'est autre que l'histoire du monde.

Alors il fallait bien se représenter, comme le fait encore M. Thomas, que « Dieu entreprend la destruction du mal » ; il fallait bien donner au péché cette « réalité » objective et absolue qui seule explique tout le reste du drame, et la perdition de l'homme, et « l'acte rédempteur ou l'acte surnaturel par excellence », où « Dieu donne son Fils unique pour sauver le monde », où « le Fils se donne librement », où enfin « le péché est expié par le sang de la croix ».

Je ne suis nullement enclin à diminuer la tragique grandeur de tous ces mythes qui sont moralement aussi supérieurs à ceux de Platon que ceux-ci l'étaient aux fables d'Homère et d'Hésiode.

Mais ce sont toujours des mythes, c'est à dire des traductions allégoriques qui transportent dans l'absolu et qui personnifient en êtres vivants les lois de notre nature et les phénomènes de notre vie morale. A mesure que croissent nos facultés d'abstraction, nous avons moins besoin de mythes ; ceux même que nous conservons, nous les spiritualisons de plus en plus et nous ne pouvons les conserver qu'à cette condition.

Mon honorable contradicteur en offre un exemple qu'il est difficile de méconnaître. Il avait commencé par affirmer en quelques mots énergiques ses croyances conformes à l'orthodoxie traditionnelle ; mais, à peine cette dette payée à la tradition, il reprend son langage propre et, redevenant lui-même, l'homme de son temps et de son pays, il se lance avec bonheur dans l'interprétation spiritualiste, morale et vraiment religieuse des dogmes mêmes dont il a gardé le nom, rien que le nom. Il suffit de lire par exemple le beau passage qui commence ainsi (p. 45) : « *Eh oui ! nous croyons à l'expiation du péché par le sang de la croix, non pas à une expiation juridique, magique en quelque sorte, inacceptable à la raison autant qu'à la conscience. Nous croyons à une expiation morale, qui n'a rien de magique du tout.....* » etc. L'orateur conclut par cette déclaration qui pourrait être celle de tous les protestants libéraux : « *Nous croyons à l'expiation par le sang du Christ, parce que sur la croix du Calvaire le péché nous apparaît tellement hideux que nous nous en détournons avec dégoût, tandis que le bien incarné en Christ nous apparaît si attrayant que nous nous unissons à lui pour devenir à notre tour en quelque sorte des réincarnations du bien* » (p. 46). Et il ne se lasse pas de revenir sur le tableau de « la transformation qui se produit dans la vie du pécheur depuis qu'il a cru à son pardon et qu'au pied de la croix il s'est réconcilié avec Dieu ». Au lieu de consister, dit-il, « dans un *credo* intellectuel, la religion est devenue relation d'un fils avec son père, relation intime, bienfaisante, personnelle... L'homme ne se sent plus paralysé en face de l'idéal moral qui lui est présenté. Autrefois cet idéal l'effrayait, tant il était inaccessible ; maintenant, si haut que soit le but, l'homme se sent puissamment attiré vers lui ..., » etc.

Bref, nous voilà rentrés dans la vie morale et religieuse, dans la notion du péché et dans la notion du salut envisagées au point de vue humain, au point de vue intérieur, moral et vraiment spirituel. Et nous voilà loin de l'autre notion, de celle qui, prise à la lettre dans les siècles passés, répondait pleinement, par son dogmatisme et par son réalisme saisissants, aux besoins des âmes d'alors.

C'est ainsi que se fait d'âge en âge un progrès dans la pensée religieuse et un progrès parallèle dans son expression.

Et c'est pourquoi le monde aura de moins en moins recours à la controverse théologique ; son temps est passé. Qu'il y ait une vie morale et religieuse, dans un homme, dans une famille, dans une église, dans une nation ; laissez-la faire, cette vie se créera elle-même son langage, qui évoluera comme elle. Elle le modifiera comme elle se modifie, insensiblement.

Aucune société, comme aucune âme humaine, ne brise d'un coup toutes ses attaches avec le passé. Et parmi les meilleurs d'entre nous, beaucoup croiraient mal faire d'abandonner les vieilles formes consacrées par le temps et par la reconnaissance des hommes. Mais ceux-là même — et dans tout le présent débat nous en avons vu bien des preuves — pressés par le besoin de concilier le respect du passé avec la nécessité de comprendre le présent et de s'en faire comprendre, ils inclinent peu à peu vers des interprétations nouvelles où il est malaisé de dire s'ils font la part plus large à des mots qui sont ceux d'autrefois ou à des idées qui sont celles d'aujourd'hui. Peu importe. Plus nous nous éloignons de la lettre pour nous rapprocher de l'esprit, plus nous avançons vers l'harmonie finale. C'est la lettre qui nous a divisés, c'est l'esprit qui nous réunira.

TABLE DES MATIÈRES

PRÉFACE. — Quatre Conférences

Pages.

Première conférence (17 avril) 1900. — Exposé général. — Le conflit : ses causes, son histoire, ses résultats 3

Deuxième conférence (19 avril). — Diverses solutions du conflit ; leurs difficultés. — Est-il possible de donner la prépondérance à la religion ? à la morale ? à la science ? de les considérer comme respectivement indépendantes ? 51

Troisième conférence (21 avril). — Esquisse d'une autre solution. — Évolution des « religions du passé » à « l'irréligion de l'avenir » 97

Quatrième conférence (23 avril). — Un essai d'application à l'éducation publique en France : l'œuvre religieuse d'un éducateur laïque 141

Conclusions (2ᵉ partie de la conférence précédente .. 175

APPENDICE

Notes en réponse aux deux brochures de MM. les pasteurs Francis Chaponnière et Frank Thomas... 201

Note A. — Du miracle ou du surnaturel 203

	Pages.
Note B. — La religion graduellement réformée par la morale...	212
Note C. — Sur la non-immobilité du catholicisme..	224
Note D. — La religion superposée à la morale.....	231
Note E. — Sur le rôle du protestantisme dans l'œuvre scolaire de la troisième République......	233
Note F. — Sur la notion de péché.................	255

Dole-du-Jura. — Typographie L. Bernin.

LIBRAIRIE FISCHBACHER, 33, RUE DE SEINE, PARIS

AUGUSTE SABATIER, *Essai d'une Philosophie de la Religion, d'après la Psychologie et l'Histoire.* 5e édition. 1 vol. in-8°............ 7 50

— *L'Apôtre Paul. — Esquisse d'une histoire de sa pensée.* 3e édition. 1 vol. in-8°............ 7 50

FÉLIX PÉCAUT, *Le Christianisme libéral et le miracle.* 1 vol. in-8°............ 1 50

— *De l'avenir du Théisme chrétien.* 1 vol. in-12. 2 »

— *De l'avenir du Protestantisme en France.* In-8°............ 1 25

— *Qu'est-ce que le Christianisme libéral ?*...... 0 25

ALBERT RÉVILLE, *Histoire des Religions :*

1) *Prolégomènes de l'histoire des Religions.* 1 volume in-8°............ 6 »

2) *Les Religions des peuples non civilisés.* 2 vol. in-8°............ 12 »

3) *Les Religions du Mexique, de l'Amérique centrale et du Pérou.* 1 vol. in-8°............ 7 50

4) *La Religion chinoise.* 1 vol. in-8° en 2 sections............ 12 »

— *Jésus de Nazareth. Études critiques sur les antécédents de l'histoire évangélique et la vie de Jésus.* 2 vol. in-8°............ 15 »

ÉTIENNE CHASTEL, *Histoire du Christianisme depuis son origine jusqu'à nos jours.* 5 vol. gr. in-8°... 60 »

Encyclopédie des Sciences religieuses, publiée sous la direction de F. LICHTENBERGER, avec la collaboration des savants les plus autorisés. 13 vol. gr. in-8°............ 200 »

La Bible nouvellement traduite sur les textes originaux, par EDOUARD REUSS, avec une Introduction à chaque livre, des notes explicatives sur l'Ancien Testament et un commentaire complet sur le Nouveau Testament. 19 vol. gr. in-8°. 170 »

www.ingramcontent.com/pod-product-compliance
Lightning Source LLC
Chambersburg PA
CBHW070823170426
43200CB00007B/885